人を動かす対話術

心の奇跡はなぜ起きるのか

岡田尊司
Okada Takashi

PHP新書

はじめに

この本を手に取られた方は、医師やカウンセラーのように、対話を職業として行う人かもしれないし、学校や医療、福祉、司法、ビジネスなどの領域で信頼関係の構築や問題解決、説得の技術などを必要とする人かもしれない。あるいはまた、身近な人の問題で行き詰まり、解決のために、どのように話を進めていけばよいか悩んでいる人かもしれない。

相手に受け容れられ、その心を動かし、意思決定や行動を望ましい方向に変化させるには、どういう対話の仕方が効果的なのか。困難な状態にある人を効果的に支えるには、どういう対話を心がければよいのか。また、どんなに心を砕いても、うまく相手に通じないときには、どうすればいいのだろうか。

そうした要望に応えるべく、過去数十年にわたり培われてきた対話技術の粋を、精神科医としての経験と絡めながら、お伝えするのが本書の目的である。

誰しも、自分なりに培ってきた対話技術をもっているだろう。専門家であれば、特別に訓練を受け、習熟した対話技術を身につけているかもしれない。ただ、どんな対話技術であれ、それがどれほど優れたものであっても、すべてのケースに通用する訳ではないことも、経験しているのではないだろうか。すなわち、問題の性質や目的、相手の特性、使用可能な時間やセッティングなどにより、有効なアプローチはそれぞれ異なってくる。

目の前の状況にもっとも有効な対応をするためには、多くの引き出しのなかから、必要とされる方法を選び出し、使い分けることが求められる。難しいケースほど、いくつものアプローチを併用することが必要になる。そうしたニーズに対応するためには、対話技法について、全体的で有機的な視点をもつことが求められる。

ところが現状を見ると、それぞれの対話技法について専門的に書かれた本はあるが、対話技術全般を見渡しながら、各対話技術を学んでいけるという本はあまりない。そうした状況を踏まえて、本書では対話の技術全体を、大きな視野のなかで学んでいけることを目指した。

一つひとつのアプローチは、私が出会ってきた対話技術のなかで、実際的に有用であるという点で選《え》りすぐったものである。心理臨床などの場面だけでなく、教育の場や支援の場にもおおいに役立つだろうし、ビジネスや社員教育の場に活用することもできるだろう。ご自身や身近な人の人生にも是非役立ててほしい。それぞれの技法が、どういった問題の解決に特に有効かを、タイプ別に一覧表にして示してあるので、参考にしていただければと思う。

第一章では、ロジャーズによって確立された対話技術を中心に、対話が成立し、深まっていくための基本的な技術を見ていく。

第二章では、短期療法の一つである解決志向アプローチを中心に、問題をスピーディーに解決できるように支援する方法を考えたい。

第三章では、動機づけ面接法の技法を中心に、葛藤や迷いにとらわれ、身動きできなくなっている人をいかに動かしていくかについて解説したい。

第四章では、認知（行動）療法を中心に、受け止め方を修正することで、適応上の困難を改善する対話の技法を紹介する。

第五章では、弁証法的行動療法を中心に、強い自己否定を克服するためのかかわり方を、対話技術という観点から見ていきたい。

第六章では、対話が特有の困難を来《きた》しやすい三つのタイプ、愛着不安が強いタイプ、愛着回避が強いタイプ、自己愛が強いタイプについて、どういう対話を心がけるとうまくいきやすいかについて述べたい。

第七章では、言葉での対話から踏み出して、行動や環境と対話する技術についても考えたい。これは言語的な対話で歯が立たない場合、問題の改善にしばしば有効なものである。

どのテーマも分厚い本を一冊使っても述べきれないほどの内容を含んでいるが、あえてそのエッセンスをコンパクトに凝縮することにした。というのも、あまりにも詳しく述べられすぎると、本質的な部分がかえって薄められてしまうからである。それぞれ異なる技法であるにもかかわらず、根底に共通するものをもっていたり、互いに採り入れ合ったり、影響し合っているために、むしろ一度に学んだほうが、本当に重要なものが見えてくるということに気づかれるだろう。

もう一つ心を砕いた点について述べておこう。これらのテーマを扱った専門書の多くは翻訳書で、そのため文化や言語習慣の違いによって、そこで紹介されているやり取りや実例が、そのままではほとんど使えないのが現実である。私自身の経験から、日本の文化も踏まえて、実際に使っているもの、活用できるものだけを厳選するように心がけた。

対話技術について、あまり関心がなかった読者も、読み進めるうちに、次第に奥深い世界に誘い込まれ、その豊饒《ほうじょう》さと面白さに驚かれるに違いない。対話は人間存在の根底にかかわる哲学的ともいえる問題と密接に結びついており、まさにその部分で人は変わり、動いていくのである。対話技術というものに目覚めると、コミュニケーションをし、人とやり取りをすることが、大きな可能性をもっていることに気づいて、わくわくしてくることと思う。

本書で学んだものを、おおいに実践で役立てていただきたい。

各問題と関連の深い対話技法

対処すべき問題	有用なアプローチ	該当する章
進路、就職の悩み	解決志向アプローチ 動機づけ面接法 認知へのアプローチ	第二章 第三章 第四章
結婚、離婚の悩み	解決志向アプローチ 動機づけ面接法 愛着へのアプローチ	第二章 第三章 第六章
決断できない	解決志向アプローチ 動機づけ面接法 認知へのアプローチ	第二章 第三章 第四章

うつ、自己否定	共感的アプローチ	第一章
	認知へのアプローチ	第四章
	認証戦略	第五章
	行動・環境へのアプローチ	第七章
リストカットなどの自傷	共感的アプローチ	第一章
	解決志向アプローチ	第二章
	動機づけ面接法	第三章
	認知へのアプローチ	第四章
	認証戦略	第五章
	愛着へのアプローチ	第六章
	行動・環境へのアプローチ	第七章
不登校	共感的アプローチ	第一章
	解決志向アプローチ	第二章
	動機づけ面接法	第三章
	認証戦略	第五章

	愛着へのアプローチ	第六章
	行動・環境へのアプローチ	第七章
無気力・ひきこもり	共感的アプローチ	第一章
	解決志向アプローチ	第二章
	動機づけ面接法	第三章
	愛着へのアプローチ	第六章
	行動・環境へのアプローチ	第七章
薬物、アルコール依存	解決志向アプローチ	第二章
	動機づけ面接法	第三章
	認知へのアプローチ	第四章
	認証戦略	第五章
	愛着へのアプローチ	第六章
	行動・環境へのアプローチ	第七章
不安、パニック	共感的アプローチ	第一章
	解決志向アプローチ	第二章

	愛着へのアプローチ	第六章
	行動・環境へのアプローチ	第七章
虐待	共感的アプローチ	第一章
	解決志向アプローチ	第二章
	動機づけ面接法	第三章
	認知へのアプローチ	第四章
	愛着へのアプローチ	第六章
	行動・環境へのアプローチ	第七章
DV（家庭内暴力）	解決志向アプローチ	第二章
	動機づけ面接法	第三章
	認知へのアプローチ	第四章
	愛着へのアプローチ	第六章
	行動・環境へのアプローチ	第七章
対人関係、職場の問題	共感的アプローチ	第一章
	解決志向アプローチ	第二章

	第四章	認知へのアプローチ
	第六章	愛着へのアプローチ
	第七章	行動・環境へのアプローチ
子どもの問題行動	第一章	共感的アプローチ
	第二章	解決志向アプローチ
	第四章	認知へのアプローチ
	第五章	認証戦略
	第六章	愛着へのアプローチ
	第七章	行動・環境へのアプローチ
非行、暴力	第一章	共感的アプローチ
	第二章	解決志向アプローチ
	第三章	動機づけ面接法
	第四章	認知へのアプローチ
	第五章	認証戦略
	第六章	愛着へのアプローチ
	第七章	行動・環境へのアプローチ

人を動かす対話術　心の奇跡はなぜ起きるのか【目次】

第一章　心を開くアプローチ

第二章

問題を解決するアプローチ

第三章 人を動かすアプローチ

第四章 受け止め方を変えるアプローチ

第五章 自己否定を克服するアプローチ

第六章

不安定な愛着の人へのアプローチ

1．不安型愛着の人へのアプローチ

第七章　行動と環境に働きかけるアプローチ

第一章

心を開くアプローチ

有為転変の末に

世界大恐慌の前年の一九二八年のこと、ウィスコンシン育ちの二十六歳の若い心理学者が、どうにか就職口を見つけて安堵《あんど》の吐息をついた。心理学者と言っても、ようやくインターンを終えたばかりで、学位論文もまだ完成していなかったが、早くに結婚した若者には、幼い子どもがいて、働く必要に迫られていたのだ。若者の名は、カール・ロジャーズ（一九〇二～一九八七）、後に心理療法の世界に革命を起こすことになる人物である。

ロジャーズがありついた仕事口は、ニューヨーク州ローチェスターにある児童虐待防止協会の児童研究部門であった。彼の仕事は、裁判所や施設から送られてくる非行少年や被虐待児、およびその親の面接をすることだった。一時は牧師を志したこともある、この極めて禁欲的で誠実な若者は、熱心にその仕事に取り組み始める。

優れた臨床家にありがちなことだが、ロジャーズは、正規のコースとはいささか違った経歴のもち主だった。子どもの頃、ウィスコンシンの農場で育った彼は、社会的経験よりも、もっぱら自然を観察したり、家畜を育てることに熱中した。

養鶏や豚や牛の飼育に関する専門的な知識をもっていたロジャーズは、迷うことなくウィスコンシン大学の農学部に進学する。だが、学生宗教会議に参加して触発されると、牧師になる一大決心をする。その準備のために、農学部から史学部に転部し、神学校に進んだのである。

ところが、この神学校にいる二年の間に、ロジャーズの興味は、心理学や精神医学へと惹《ひ》きつけられた。宗教を仕事とすることに疑問を感じ始めていたロジャーズは、他に専門となる仕事をもちたいと思い始め、神学校と道を一本挟んだだけのコロンビア大学教育学部に通い始めた。そこで参加した児童相談の実習に、すっかり魅せられたロジャーズは、ようやく自分の天分である臨床心理学という道に入っていくこととなったのである。

「失敗」から生まれた発見

ロジャーズが児童虐待防止協会で働き始めた時期は、アメリカでも精神分析が台頭してきた頃で、ロジャーズもまた精神分析の影響を受けて、性的な葛藤や記憶にもない頃の外傷的な体験に、虐待の原因を探ろうとした。しかし、そうした面接は、原因を探り当てたところで、問題の改善には、あまり役に立たないことを痛感させられるばかりであった。

生真面目で誠実なロジャーズにとって、家族を養うためとはいえ、成果が出ないままに仕事を続けることは、ひどく苦痛であった。予想もしないブレークスルーが起きたのは、まさにそうしたフラストレーションがピークとなる時期のことであった。

ロジャーズは、三十代も半ばになっていたが、相変わらずの熱心さで、問題行動を繰り返す一人の男の子の母親の面接に取り組んでいた。ロジャーズは、幼い頃、母親がその子を拒否していたことが、子どもの問題に影響していると確信していたが、母親は、一向にそのことに思いいたらないようだった。ロジャーズはあの手この手を使って試みたが、母親の頭のなかで、息子の問題行動と幼い頃母親の関心がその子から離れていたことを結びつけて理解させることはできなかったのだ。その続きは、ロジャーズ自身に語ってもらおう。

しかしどうにもならなかった。ついに私も匙《さじ》を投げた。私たちは一生懸命努力してみたが、どうも失敗したようだし、面接もやめた方がよいのではと提案した。彼女は同意した。そこで私たちは面接を終了することにし、握手をし、彼女はドアの方に歩き始めた。そのとき、彼女は振り返って、「先生はここで大人のカウンセリングはやりませんの?」と尋ねた。私がやりますよと言うと、彼女は「それじゃ、私うけたいのです」と言って、今まで座っていた椅子に座りなおした。そして彼女は、絶望的な結婚生活、うまくいかない夫との関係、失敗感や混乱した気持ちを吐露《とろ》し始めた。これらは、彼女がそれまで話していた不毛な「生活史」とはまったく違うものであった。そこから本当のセラピーが始まり、結局は非常に成功したものになった。

（『私は語る』ロジャーズ選集〈上〉伊東博、村山正治監訳、誠信書房）

ロジャーズは、このとき、「何が重要な問題か、どんな経験が深く秘められているのか、などを知っているのはクライエント自身であるという事実」に気づいたのである。この体験が、後に世界を席巻することになる、クライエント・センタード・アプローチ（来談者中心療法）というロジャーズの方法を生み出すことになった。

結局、それまでの方法がうまく行かなかったのは、聴き手が答えの在《あ》り処《か》を決めつけて、そこに誘導しようとしていたからであった。結局、答えを知っているのは、誰よりも本人なのであり、それゆえ、もっとも有効な対話の方法は、相手の話をできるだけ邪魔しないように、その思考の流れを上手に助けることなのである。こうしてロジャースはまったく新しい対話の方法を確立していく。

方法一つで大きく変わる

ロジャーズの発見は、対話の技法がもつ力を改めて示すこととなった。対話の仕方一つで、どれだけ努力しても事態が一向に改善しなくもなれば、煮詰まっていた状況が嘘のように好転していくことも起こりうるのである。

これは、ロジャーズの方法に限った話ではない。これから七つの章にわたって、七つの対話的アプローチの手法を紹介していくが、どの方法も、そうした力を秘めているし、実際に、奇跡的とも言える変化を引き起こしてきた選りすぐりの方法ばかりである。たかが対話と思われるかもしれないが、対話は驚くべき可能性をもつのである。やる気のない「うつ」のサラリーマンを、もう一度職場に蘇らせるのも、学校に行けなくなった子どもが、再び動き出すのも、十数年の間、反抗と犯罪に明け暮れてきた人物が、すっかり生き方を変えるのも、薬物中毒者が、覚醒剤や麻薬への激しい依存から立ち直っていくのも、自傷や自殺企図を繰り返してきた女性が、安定を取り戻していくのも、十年以上ひきこもっていた若者が動きだし、就職して働き出すのも、その変化を媒介するのは対話なのである。

しかし、対話は一つ使い方を間違えると悲惨な結果にもなる。復活しかけたサラリーマンが、また会社に出られなくなることも、再登校し始めた子どもが、二度と学校に行けなくなる事態も、対話の仕方一つ間違うだけで、簡単に起きてしまう。

優秀な能力をもつ若者を、ますます反抗的で反社会的な人物にしてしまうこともあれば、見捨てられ不安の強い女性を、自分を損なう行為に駆り立ててしまうこともある。一生懸命説得すればするほど、逆のことが起きてしまうことも珍しくない。そうした失敗の多くは、対話の原理を理解せずに、基本的な原則を無視して、不用意な対話を行ったことに起因する。対話は、その意味で両刃の剣であり、その切れ味のよさは怖さにもつながる。

ところが、人の一生を左右するかもしれない場面で言葉を用いるというのに、日常の会話と同じような無頓着《むとんちやく》さで、対話がなされていることも少なくない。少なくとも人にかかわる仕事をする専門家は、基本となる原則と最低限の技法くらいは頭に入れておく必要があるだろう。

ロジャーズやその後継者たちによって確立された対話の方法について学んでいく前に、まず、対話がもつ二つの基本的な働きについて見ていこう。これらの働きを、よく頭に入れておくことが、あらゆる対話技法を理解する出発点となるし、高度な技法云々《うんぬん》はともかく、見当はずれなことをして大失敗するのを防ぐことにもなるだろう。

対話がもつ二つの基本的な働き

対話と一口に言っても、他愛のないおしゃべりや挨拶《あいさつ》、噂話から、議論や相談、説得、交渉、慰藉《いしゃ》まで、さまざまな形がある。

人がおしゃべりや噂話を好むのは、話題や関心を共有することによって、互いの親しみや結びつきを確認でき、自分が安全だと感じることができるからだろうし、またなにがしかの情報をやり取りすることが、生活するうえでの安全感や安心感を高めるのに役立つからのように思える。挨拶も然りである。「こんにちは」というそれ自体意味のない言葉を交わすのは、安全感、安心感を保障するためである。

安全感を高めるという働きが、より顕著な形で表れるのは、慰めるときの対話だろう。そこでは、話題を共有するだけでなく、相手と気持ちを共有する、つまり共感することが行われる。

一方、議論する場合はどうだろう。議論をするときは、互いの考えや価値観が違っているにもかかわらず、まさにその違いをめぐって対話をする。その目的は、相手を言い負かすためということもあるかもしれないが、その優れた効用は、議論を通して、考えを練り、高めることにあるのではないだろうか。

実際、研究者というのは、常に議論（ディスカッション）することを求める。議論することで、考えがより明確になり、自分の考えの欠陥がわかり、より普遍性をもったものに高めることができるからだ。自分一人で考えていても、なかなかうまくはいかない。対話によって相手の視点が入ることで、この作業がとてもスムーズかつ効率的に行えるのだ。

相談するというのは、今述べてきた対話の二つの役割、つまり「安全感を高める」ということと、「考えを練り、高める」という働きを、両方とも活用することで、うまく行われると言えるだろう。一人で悩むよりも、安心感が得られると同時に、問題解決の糸口を見出しやすいという一挙両得のメリットをもっている。

説得する場合はどうだろう。説得は議論することに似ているようにも思える。しかし、議論して、相手を言い負かしたからと言って、相手を説得できるとは限らない。余計相手は頑《かたく》なに拒否するかもしれない。人間は「理性の動物」であると同時に「感情の動物」でもある。説得されるためには、理屈で納得するだけでなく、その前に、それを受け容れる気持ちになっている必要がある。そこに関係してくるのが安全感の問題であり、共感や絆の共有ということが、利害損得に劣らず重要な決定因子となる。

また、理屈で納得するという面についてみても、ことはそれほど単純ではない。利害損得というものは、単純に比べられない多様な物差しを含んでいる。ある面ではメリットがあり、別の面ではデメリットがあるという両価性（相反する二つの価値を同時にもつこと）がからんでいる。一方のメリットばかりを強調して、説得しようとしても、そう簡単に納得できないし、そのとき納得したとしても、後で騙《だま》されたと思うだろう。両価的な迷いを乗り越えられるように働きかけることが、本当の意味で、その人を動かしていくためには必要である。より高い視点で、考えを深めるという対話の働きが重要になりそうだ。

対話には、情報や気持ちを共有して安全感を高めるという働きと、異なる視点を利用して、考えを深め対立を解消していくという、統合的、弁証法的な働きがあると言えるだろう。対話を考えていくとき、共感的作用と弁証法的作用という二つの働きを念頭に置くことが必要で、相手をうまく支え、動かしていくという難しい局面ほど、どちらか一方ではなく、両方の働きかけが必要なのである。

安全感を守る

対話を媒介として、対人関係は展開していく。対話がうまく成立しなければ、対人関係も成立しようがない。対話がない人、対話がうまくできない人に対して、多くの人は、「あの人はよくわからない」という印象をもってしまう。

相手を巻き込んで物事を進めていく場合には、対話が成立することが不可欠である。対話がスムーズに行えれば、信頼関係も生まれやすいし、チームワークも発揮されやすい。相手に接近して、交際や取引を行おうという場合も、弱っている相手を支え、力を賦活《ふかつ》しようという場合も、まず対話が成立しなければならない。

その場合、相手がどういう特性や傾向をもった人かということが重要になる。たとえば、警戒心が非常に強い人と、逆にすぐに親密さの距離が縮まって、馴れ馴れしくなる人とでは、対応の仕方も若干異なってくる。立場や年齢、性別などの違いによっても、話の運び方は、むろん違ってくる。

しかし、まず重要なのは、そうした違いを超えて、根底にある共通した原理を理解し、行動することである。細かな方法の面で、多少不適切なところがあったとしても、この根本的なスタンスがズレていなければ、おおむねうまく行きやすいからである。逆に、いくら枝葉《しよう》末節《まつせつ》の方法にこだわったとしても、根底にある原理を無視して行動してしまえば、相手は対話を受け容れないだろう。

では、対話が成立するために必要な条件とは何だろうか。それは、先に述べた対話の重要な働きと関係している。つまり、「安全感を守る」ということである。安全感を高めるために行うはずの対話において、もっとも してはいけないことは、安全感を脅《おびや》かすということである。相手の安全感を脅かすような対話をしてしまう人とは、誰も話をしたいとは思わないのである。たとえ、うわべでは対話に応じるふりをしていても、それは本当の対話ではない。ただ表面を取り繕《つくろ》っているだけである。

対話がスムーズに成立するためには、相手の安全感を脅かさず、安心感や自尊心を高められるように配慮することが第一条件になる。それらを左右するのは言葉だけではない。雰囲気や表情、身体的な距離といった非言語的な要素も重要である。そこから醸し出される相手を大切にしているという姿勢が大事なのである。にこやかな笑顔や近い距離に安心を覚える人もいれば、感情を抑えた対応や離れた距離のほうが気楽に感じる人もいる。そのことについては後で触れるとして、安全感を脅かさないという姿勢が、不快感や嫌悪感を抱かさないためには、まず求められる。

そして、いよいよ対話が始まる。安心感や安全感を高めるのに有効な対話とはどういうものだろうか。人はどういうときに安心して話をし、相手に親近感をもち、心を開こうとするのだろうか。

その原点は、まず聴くという姿勢である。自分が喋《しゃべ》るのではなく、相手に話してもらうようにもっていくことが、非常に重要になる。傾聴の重要性が、一般にも広く言われるようになったが、そのことに最初に着目したのもロジャーズであった。相手の話をよく聴くという姿勢が、円滑な対人関係や信頼感につながる。

というのも、話すという行為は、一つ間違うと相手の安全感を脅かし、思わぬ事態にいたることもあるが、聴くという行為には、そうした危険がほとんどない。逆に言えば、安全感や主体性が守られていると感じているから、相手は気軽に話すことができるのだ。相手がよく話しているということは、安全感が守られているという良い兆候であり、自分ばかり話している状態は、その意味では、対話がうまくいっていない兆候だと言える。

相手がよく話す状態を作っていくことが、親密さや信頼を深めていくのには有効なのである。そして、その第一歩が、聴くという姿勢なのである。

関心の共有から気持ちの共有へ

しかし、警戒心が強い場合や、心を閉ざしている場合には、それだけでは対話がなかなか進展しないこともある。そうしたケースを含めて、対話を深めていくうえでカギを握るのが、先ほども述べた「共有する」ということである。そして共有にも二つあると言える。関心を共有することと、気持ちを共有することである。後者は共感と呼ばれる。しかし、いきなり共感しようとしても、相手が拒否してくる場合もある。相手が共感されることを求めていれば、共感的に応じることは非常に有効だが、心を開いていない段階で、こちらだけ共感しようとしても、相手には鬱陶《うっとう》しく感じられることもある。

そこで、まず重要な一歩は、関心を共有するということなのである。その場合も、相手の安全感を脅かさない形で、関心を共有する姿勢が重要だと言える。

関心と一言で言っても、趣味的な興味からその人の価値観や信念にかかわる関心まで幅広い。安全感を損なわずに、関心を共有しようとする場合、いきなり重い価値観や信念にかかわる部分に踏み込むことは避けて、趣味的なものや日常的な関心からアプローチするのが無難である。

もちろん、話していくうちに、その人のもっとも重要な関心事に話は進んでいくだろう。それを決めるのは本人自身である。こちらが無理に話を進めようとするのではなく、本人が切り出す心構えをもてるまで、もう少し話しやすい話題に関心をとどめ、そうした話題に付き合うことが大事だということになる。話しながら、どれくらいこちらが信頼できるか、どれくらい自分のペースを尊重してくれるかを、本人は見極めているのである。

本人のペースに合わせて、関心を共有することに努める。その場合も、こちらは受容する側に回り、本人にできるだけ話してもらうようにする。それは受け身的に見えて、実はとても能動的な行為なのである。話が途切れたり、方向感を失いそうになったときには、合いの手を入れたり、質問をしたり、材料を少し提供したりといったことを行う。ときには沈黙に耐えて、相手の言葉を待つことも大事である。大切なことを切り出そうというときには、話が途切れて沈黙が訪れることがある。そのとき、むやみに言葉をはさむと、そのタイミングが失われてしまう。そうならないためにも、相手の話に熱心に注意深く耳を傾けるだけでなく、気持ちに寄り添う姿勢をもつことが大切である。

もちろん、こちらが主役になってしまってはいけない。相手の関心のあることに、自分も関心があるからといって、自分の考えをべらべらまくしたてたり、蘊蓄《うんちく》を垂れたりすれば、相手は引いてしまうだろう。相手の話を聴いていたのに、いつの間にか自分の話ばかりしているという人は要注意である。歳を取って地位が上がるにつれて、人間はそうなりがちなようであるが、また自慢話が始まったと思われないためにも、気をつけたいものである。

相手の話題に興味を示しつつ、相手の主導権を脅かしてはいけない。この点が重要である。その点に気をつけて、相手と関心を共有するように心がけると、相手はあなたに対する警戒心を解き、次第に打ち解けて親しみを抱き、もう少し込み入った話を自分から切り出すようになるだろう。

関心を共有するだけで人は元気になる

不登校の子どもであれ、うつになっているサラリーマンであれ、アルコールや過食に走っているＯＬであれ、悪さばかりしてきた非行少年であれ、一向に就職活動をしようとしない、ひきこもりの若者であれ、関心を共有することは、単に対話が成立しやすくなるだけでなく、現状を改善し元気にしていく作用をもつ。

不登校や出社拒否、ひきこもりや非行といった問題をどうにかしようと、問題の部分にばかり働きかけるよりも、その人の関心にこちらも興味をもって、一緒に語り合ったり取り組んだりしていくうちに、明るく元気になって、ある日突然、学校に通い出したり、就職活動を始めて実際に就職したりするケースは珍しくない。

逆に、うつや過食、不登校や非行といった問題を何とかしようと、そこにばかりターゲットを絞って働きかけを行うと、ますます症状がひどくなったり、行動が萎縮《いしゅく》したり、反発して家庭内暴力がひどくなったり、どんどん事態が悪化するということになりがちだ。問題行動は結果であって、原因ではないのだ。結果だけを改めさせようとしても無理である。原因は他にある。原因で一番多いのは、その人の安全感が脅かされているということである。問題行動を何とかしようと、ぐいぐい締め上げたりすれば、ますます安全感が脅かされて、問題行動は改善されるどころか、ひどくなっていくことになる。

実際、治療能力の優れた精神療法家は、この点をよく心得ていて、こうしたアプローチを当然のごとく用いることが多いようだ。

かなり前のことになるが、ある難しいケースの治療に関係して、精神医学の大家として知られる笠原 嘉《よみし》先生のスーパーバイズをいただいたことがあるが、そのときのアドバイスとして非常に印象に残っていることがある。治療を担当している若者がファンタジー小説が好きだという話をすると、「きみもそれに打ち込まないと」と言われたことである。そのとき使われた「打ち込む」という表現が、ずっと耳に残っている。興味を共有するというのは、口先で合わせるような上っ面なことではなく、心を入れて関心を向けるというくらいの姿勢が求められるのである。

初老の男性のケース

ある六十代の男性が自殺しようとしているところを妻に発見され、精神科の病院に連れてこられた。抗うつ薬などが処方されたが、なかなか改善せず、無気力な状態が続いていた。担当医との面接のときも、男性は悲観的なことを口にするばかりであった。ただ、男性の目に光が戻った瞬間があった。それは料理の話をしたときで、男性は退職するまでホテルで料理人として働いていたのだ。担当医は、症状の話よりも料理の話をよくするようになった。すると、ほとんど自分から喋ることのなかった男性が、少しずつ話をするようになった。そんなある日、思い切って担当医は、デイケアの料理教室で他のメンバーに教えてやってくれないかと頼んでみた。最初、男性は気が重そうにしていたが、スタッフも手伝うからと安心させ、同意を取りつけた。実際、キッチンに立ってみると、男性は別人のように手際よく説明し、みごとな包丁さばきを見せた。皆が感嘆するなか、教室が終わる頃にはその顔は自信に満ちたものとなっていた。それがきっかけとなって、男性は元気を取り戻し、すっかり回復して退院していった。

関心を共有する姿勢は、その人を元気にするが、逆にその人の関心とは無関係なことを押しつけようとすると、次のケースのように、どんどん悪化していくことになる。

勉強が苦手な非行少年のケース

十七歳の若者が、シンナー乱用や暴走行為で少年施設に送られてきた。多動で衝動的なうえに学習障害があって、基礎的な学力も不足していた。担当した教官は非常に熱心な人で、何とかその若者を立ち直らせようと、問題点の改善に取り組ませた。問題点を指摘しては、それを改善するように指導を繰り返した。また、基礎学力の不足も問題点の一つとして認められたので、それを改善するべく、国語や算数の勉強にも取り組ませた。しかし、学習障害もあるため、なかなか思うような結果が出なかった。最初は努力していた若者も、次第に投げやりになり、教官に対しても反抗的な態度を取るようになってしまった。

そこで、アドバイスを求められた筆者は、学習にはあまりこだわらずに、本人が興味をもつことや得意なことを探して、それに取り組ませることと、問題点を指摘するよりも良い点を指摘するように努めてみることを提案した。若者は、勉強は苦手だが、絵を描いたり物を作ったりするのは好きだった。教官は、作業的な課題を見繕っては与えるようにした。ペンキ塗りなどは、非常に上手で根気があった。殺風景な鉄の扉に、夢のある芸術的な絵を描いた。暗く、うつむき加減で、イライラしていた若者は、明るく元気で素直になった。驚いたことに、自分から学習にも取り組むようになり、資格試験にも合格した。非行しないためにはどうしたらいいのか、自分から真剣に考えるようになった。

こういうケースや状況には、よく出会う。生真面目な人ほど、問題点があると、それを指導して正さねばと思いがちだが、それではうまくいかないから、挫折と転落を重ねているとも言える。こちらの期待や価値観で相手を動かそうとしても、動かないのである。その場合に、こちらの関心ではなく、相手の関心がどこにあるのかに意識を切り替える必要があるのだ。相手の関心をないがしろにするか尊重するかで、人の進む方向は百八十度変わるのである。

人と対話をし、相手と信頼関係を築き、有効な働きかけをしていこうとするとき、関心を共有することは非常に重要なステップであり、突破口を開くことにつながるのである。

主導権を手放す勇気

話題や関心を共有するということは、相手がこちらに合わせるのではなく、こちらが相手に合わせるということであり、主導権は相手にあるわけだ。当然、こちらが話したいと思っていることとは、まったく無関係な話に終始するということも起きる。話の九割が、ある時期、野球やアニメの話ばかりということも起こりうるのである。

生真面目で義務感の強い人は、そうした状況を、相手の言いなりになっているとか相手に振り回されていると感じたり、指導ができていないと受け止めてしまう。手綱《たづな》を自分がしっかり握っていないと不安になるのだ。つまり、相手がこちらの指示通りに動いてくれる「いい子」だと安心だが、相手のペースで動かれると、どこに向かっていくのかと不安になってしまうのである。

ところが、往々にして起こることは、相手のペースに引きずり回されているように感じる時期の後で、大きな成長が見られるということだ。逆に、こちらが手綱をしっかり握りすぎて主導権をとっていると、自ら主体的に変わろうとする変化は起こりにくい。本人が自分から変わろうという意志をもつためには、主導権を本人に渡すことが必要なのである。しかし、そうすることは、普段から主導権をとることに慣れている人には、ひどく不安なことである。自分が仕切りたいという欲求やコントロールを失うのではないのかという不安に、こちらが打ち克つ必要があるのだ。

もちろん、一〇〇％すべての主導権を相手に渡せということではない。すっかり混乱した無秩序な状態に陥ってしまっては、それもまずい。大枠での主導権は、維持しておく必要がある。ただ、本来本人が担うべき部分については、本人が主導権をもつ必要があるということなのである。そこまでこちらが決めようとすると、それは主体性の侵害になってしまい、本人の意欲も力もそがれてしまう。なぜなら、「正解」を誰かが代わりに見つけ出したところで、それは本人にとっての「正解」ではなく、かえって本人を迷わせてしまうからである。

先述のようにロジャーズは、治療者が主導権をとるのではなく、カウンセリングを受ける当人（クライエント）が主導権をもてるように対話を行うことが、問題解決にもっとも有効であるということに気づき、クライエント・センタード・セラピー（来談者中心療法）と呼ばれる方法を確立した。この方法は、今日にいたるまで、もっとも広く採り入れられているカウンセリングの原理となっている。

本人の邪魔をしない

ロジャーズやその後継者たちが重視してきたのは、相手の思考の流れをできるだけ邪魔せずに、考えや気持ちが言葉となって自然に展開していくのを助けるということであった。自由に語らせ、余計なことはできるだけ言わない。こちらが語るときも、こちらの言葉ではなく、できるだけ相手の言葉で話す。

たとえば、大学を休みがちな若者が、「学校に行く自信がない」と話したとしよう。それに対して「勉強が面白くないのか？」という具合に、こちらの論理や言葉で反応してしまうと、本人の気持ちに共感することができず、また本人が陥っている状況を正確に把握するという意味でもズレを起こしてしまう。そう言われた若者のほうは、自分の気持ちには関係なく、質問者の論理で非難されたり説得されたりするのではないかと身構えてしまい、もうそれ以上、気持ちや事情を打ち明けたり相談する気が失せてしまうかもしれない。

ロジャーズは、本人の言葉をそのまま映し返すという技法を使うことで、そうしたズレを最小限にできることに気づいた。今の例で言えば、「大学に行く自信がないんだ」と、単純に学生の言葉をなぞるように返したり、「自信がないというのは、どういうこと？」と、一歩踏み込んで説明を求めたりする。そして、あくまで本人に話をさせて、本人の言葉で語らせようとする。

このような、こちらの余計な考えを混入させることを防ぎ、本人の思考のプロセスを大切にするという方法が広まったのは、この方法が相手を元気にするだけでなく、問題解決を助けるのに有効だということに、多くの人が気づいたからにほかならない。その根底には、問題の解決法を一番よく知っているのは本人であり、本人自らがその方法を「発見」したとき、一番強い決意と力が生まれるという経験的な確信があった。たとえ良い解決法でも、それを押しつけてしまうと、主体性が侵害されることによって、それを受け容れることに抵抗が生じたり、受け容れたとしてもやがて行き詰まってしまうのである。近道を教えてやったつもりが、行き止まりの道に踏み込ませてしまう。引き返してもう一度やり直すこともできるが、自分で自分の答えを出させるのが、遠回りのようでも結局一番近道なのである。

実際、良い教師とか優れた親は正解を教えない。ただ、答えを見つけ出そうという過程を上手に助ける。そして、本人に気づかせる。こうして主体性が育っていく。

ただロジャーズの方法は、すべての方法と同じく万能ではない。混乱を生じやすい人や自分を振り返る力が弱い人では、うまくいかない場合もある。話せば話すほど、考えのまとまりが失われたり、極端な考えが逆に強まってしまうという場合もある。ある程度、安定していて、混乱せずに話をすることができることと、自分を振り返る能力が備わっていることが必要で、そうでない場合には、また別の対話の技法が必要になる。それでも、ロジャーズの方法から学ぶ点は多いのである。

ロジャーズの方法は、どんな症状がいつ頃から始まったかを尋ねたり、原因になりそうな事実を探っていくという医学的な方法とも異なるし、幼年時代の体験について語ってもらい、外傷的体験の痕跡《こんせき》を発見しようとする精神分析の方法とも違っている。医学的な方法も精神分析も、その原理は同じである。症状の原因を遡《さかのぼ》って探求し、それを解き明かすことが、問題解決につながるという考え方に従っている。問題を解き明かすのは、診断する医師であり、分析する分析家である。主体性は、医師や分析家にある。

一方、ロジャーズの方法は、対話というものの特性をうまく活用し、対話の二つの働き、つまり安全感を高める作用と、新たな視点を得る作用によって、癒しと問題解決をもたらそうとする方法である。その場合の主体性は、本人に求められる。治療者はそれをただ助けるだけなのである。

この決定的とも言える構造転換の意味は、非常に深い。医学によって人の命を救えても、なぜ本当の意味で元気にするとは限らないのか。人を元気にするとはどういうことなのかという問いに対する、一つの答えが示されているとも言える。

心を汲むことの力

対話をスムーズに成立させ、それが人を動かす力をもつためには、関心を共有することと本人の主体性を尊重することが、重要な鍵を握るということを述べてきた。ここで、対話が主体的な変化を生み出すうえで、もう一つ重要なことを述べたい。それは、気持ちを共有するということ、つまり共感である。

共感は非常に大きな力をもっている。ロジャーズも共感を重視した。実際、カウンセリングによる効果の三分の二は、どれだけ共感が示されたかによるという研究結果もある。相手にわかってもらえたという安心感を与え、安全感を高めるだけでなく、元気にしたり、現状を変えようとする意欲を生み出したりする。このことは、カウンセリングといった特殊な対話だけでなく、通常の対話にも当てはまる。共感的なかかわりが不足すると、対話も対人関係もうまくいかなくなる。

相手が顧客であれ家族であれ、些細《ささい》なことからもめてしまったり、小さな問題が大事になるという場合には、まず間違いなく、自分のとった態度に共感的な姿勢が欠けていたと考えられる。仕事では客に気を遣うのに、家族に対してはまったくぞんざいな態度をとるということになりがちだが、家族に対しても、日頃から共感的な態度を心がけることが、幸福で心豊かな人生につながるのである。

共感を土居健郎は、「心を汲むことだ」と述べたが、近年、共感は「頭でわかる」認知的共感と、「気持ちでわかる」情動的共感の二つの要素から成り立っていると理解されるようになっている。両者は、脳のなかで働く領域が異なることもわかっている。そして、対話がより有効なものとなるためには、この二つの共感が必要なのである。

対話がもつ二つの働き、安全感を高めることと、視点を変えて問題解決を図ることの両方がうまくいくうえでも、二つの共感がそれぞれかかわってくる。

頭でわかっただけでは、相手は心を汲まれたとは感じない。かと言って、感情的に同情されても、それは問題解決にあまり役に立たず、むしろ混乱を助長してしまう場合もある。気持ちでわかる部分と、状況を頭で冷静に理解する部分の両方が相伴っていることが必要なのである。

心を汲まれると、人は安らぎを覚えるとともに、動かされる。それは、頭で理解されるだけでなく、気持ちが共振を覚える情動的な作用でもある。対話が、関心を共有する段階から、気持ちを共有する段階へと進んでいくとき、両者の間に生まれた親しみは、信頼へと深まっていく。

変化を引き起こすうえで三つの要素

変化を引き起こすうえで重要な三つの要素を、ロジャーズは、「正確な共感性」「非支配的な温かさ」「誠実さ」だと述べている。こうした三つの要素で表されるような受容的な雰囲気が、人の心を解きほぐすのであり、変わろうとする意欲を生じさせるためには必要なのである。実際こうした雰囲気が、どの治療技法を用いるかよりも、患者がよくなるかどうかを左右する。

ここで言う「正確な共感性」とは、ただ同情したり、相手に感情移入しすぎるのではなく、ある程度客観性や中立性を保ちながら、相手の立場や心情を正確に把握し、気持ちを汲みとるという意味である。自分のことと重ね合わせて同一化したり、独りよがりな解釈や的はずれな理解を無理やり当てはめようとするのは、正確な共感性とは言えないわけである。

「非支配的な温かさ」の「非支配的」とは、押しつけないということであり、相手の自由な主体性を尊重するということである。

「誠実さ」とは、真心からの態度ということであり、うわべだけで装ったり、相手を操作したりする態度では、相手を動かす力は生まれてこないということである。「私が本当の自分自身でないように振る舞うならば、結局それは援助にはならないことに気づいた」とロジャーズは述べている。装うのではなく、自分自身の本心として、真心からの共感をもって向かい合うとき、もっとも大きな力を及ぼしうるのである。

これらの三つは、一言で言えば、真の共感と言い換えることも可能だろう。

相手とすぐにぎくしゃくしたり、ぶつかったり、よくなるどころか、悪化するという場合には、前述の三つの要素のどれか、あるいは全部が欠けているということが多い。傷つきやすい相手ほど、敏感にその点を感じ取るものである。いつもはこれらの要素がきちんと備わっている人でも、寝不足や体調不良であるとか、他に気がかりなことがあるとか、時間に余裕がないという状況に置かれると、そうした要素を欠いてしまい、やり取りが刺々《とげとげ》しいものになったり、トラブったりということも起きる。何かうまくいかなかったなというときには、たいてい共感がうまく機能しなかったのである。

共感を表現する

温かく誠実に、「心を汲む」という心構えで、相手に向かい合うことがとても重要なのである。ただ、それが相手に効果的に伝わらなければ、相手は心を汲んでもらっていることを実感することができない。共感という現象は、心と心が響き合う状態が生まれることであり、相互的で応答的な現象である。こちらの応答がわかりやすい形で示され、そのことによって、さらに相手の側の応答が生まれるという連鎖が必要なのである。

つまり、共感を表現するということが、互いの共感を高めるためには重要になる。たとえ心のなかで共感していても、それがまったく表現されなければ、相手は共感されていないと受け取ってしまい、打ち解けるのを止め、むしろ心を閉ざし始めるかもしれない。

はっきりと見まがいようのない仕方で共感を伝えることが、意外に重要なのだ。その方法の一つは、相槌《あいづち》を返したり、表情や雰囲気で相手と同じ気持ちを感じているのを表現することである。

優れた心理療法家や精神療法の大家とされる先生方すべてに言えることは、聴く際の心の入れ方や、反応の仕方がものすごく深く、気持ちがこもっているということである。共感的な応答が豊かに示され、話をしている人は、こんなにも熱心に聴いてもらえるということに、感動に近い思いを味わうことも多い。それだけで心を動かされるのだ。

これは最初に述べた聴く姿勢と深く関係している。傾聴とは、単に耳を傾ければよいというものではない。相手の心を汲みながら、こちらの共感を伝えながら聴くという受動的かつ能動的な、つまり応答的な行為なのである。

共感的な応答は、人を支えていくうえでも、問題解決を行う方向に変化することを助けるうえでも、もっとも強力な武器になる。共感は相手に安心と勇気を与える。共感的な応答の方法としては、相槌をうつといった非言語的な方法とともに、言語的に共感を表すことも重要になる。先ほど述べたように、情動的な共感だけでなく、認知的な共感が示されることも大事なのである。相手の心のなかの葛藤や対立を整理するのを助け、視点を切り替えることで、問題解決を促すからである。

情動的共感は、こちらの表情や声の調子といった非言語的な表現に強く表れるが、それとともに、「本当に大変な思いをしてきたんですね」「よくここまでやってきましたね」といった言葉を添えることも重要である。

一方、認知的共感では、相手の話す内容をなぞったり、確認したり、言い換えたり、要約したりすることで、こちらが相手の話をどんなふうに理解したかをフィードバックすることが重要である。もしこちらの理解に間違いや不十分な点があれば、相手は追加したり、訂正したりすることができ、話をより正確に理解することにつながるし、相手としても、話をきちんとわかってもらえているという手ごたえにつながる。

これら一連の方法を、一つの技法として磨き上げたのが「リフレクティブ・リスニング」（反映的傾聴、映し返しの傾聴）である。このリフレクティブ・リスニングは非常に重要な対話の技法なので、もう少し詳しく述べよう。

リフレクティブ・リスニングとは何か

リフレクティブとは、リフレクト（反射させる、映し出す）の形容詞型であり、「反射させるような、映し出すような」という意味である。つまり、リフレクティブ・リスニングとは、相手の話をあたかも鏡に映し出すように聴く方法である。専門書などで「振り返りの傾聴」と訳している場合があるが、あまり適切な訳語とは言えない。

ロジャーズは、本人が自分の言葉で自分が話したいように話すときに、もっともカウンセリングの効果が上がることに気づいた。できるだけこちらの考えや指示によって誘導することを避けること、共感的な応答だけを与えることが、かえって問題解決を促したのである。

ロジャーズは、相手の言うことをそのまま受容するとともに、言葉を返すときも、相手の言葉をそのままなぞり返したり、話の内容を要約してみせて、こういうことでよかったですかと本人に確かめる方法を用い、自分の意見を言ったり、相手が使っていないキーワードを使って何かを説明しようとしたりすることを厳に戒《いまし》めた。こちらの言葉ではなく本人の言葉で、本人の考えや感じたことをできるだけ正確に映し返すことが、共感的な支えを与えることになると同時に、自分の考えや気持ちを振り返り、整理するのを助けることを確信するようになったのである。

それはちょうど、聴く側が鏡になって、相手の言葉を映し出すようなものである。

その後、多くの臨床家がこの方法の有効性を認め、ロジャーズの方法は一つの技法として確立されていった。その結果、いささか窮屈《きゅうくつ》に、「映し返す」ことにとらわれすぎた時期もあった。「映し返し」以外の応答をしてはいけないような原理主義に陥ったのである。そのことにロジャーズ自身が危惧《きぐ》を述べたこともあった。

対話の方法とは、もう少し自由度の高いものであり、こうした対話をしなければならないと狭くなりすぎることは、かえって可能性を奪うのである。

実際、対話をしながらこの技法を使ってみればわかるように、「映し返し」ばかりをやっていられるものではない。使いすぎると対話の流れを邪魔してしまいかねない。相槌や「ほう」「そうですか」「なるほど」といった合いの手だけで十分なときも多い。ただ、要所要所で「映し返し」を行うと対話が引き締まり、より正確な理解が共有されるだけでなく、重要なところにアンダーラインを引くような効果によって、考えが整理されやすくなる。

少なくとも、自分の意見や考えを述べることはできるだけ控え、「映し返し」や傾聴する部分を増やしていくことを心がけると、良い変化が起こりやすくなる。

リフレクティブ・リスニングの方法として、身につけたい四つの基本的な技法を次に紹介しよう。**①木魂《こだま》のように相手の言葉をそのまま繰り返す、②「〜ということですね?」と言い換えたり要約して理解が正しいかを確認する、③「それは、どういうことですか?」「そのときは、どんな気持ちでしたか?」と質問して、もう少し詳しく話してもらう、④「もしかして〜ではありませんか?」と質問して、こちらが汲みとったことや推測したことを伝える。**たとえば、「お母さんにそんなことをされて、見捨てられたような気がしたのではないですか?」「少し怒っていらっしゃいますか?」といったふうに、自分ではなかなか気づかないことに気づかせて、それを言語化するのを助ける。

では、リフレクティブ・リスニングを使った対話の仕方を、もう少し実践的に味わってみよう。

「誰も心配してくれない」女性のケース

一人の女性が、「私のことなんか、誰も心配してくれないんです。私が何をしようと、どうでもいいんです。嫌なことばかり言うだけで」と絶望的な口調で嘆いている。こうした否定的な言動に触れると、つい「そんなことはないでしょう」と反論したくなるものである。しかし、それでは嘆いている本人にしてみると、自分の嘆きさえも受け容れてもらえない、共感してもらえないと感じてしまいかねない。

リフレクティブ・リスニングで応えるとどうなるだろう。まず、①の相手の言葉をそのまま繰り返す技法を使った場合は、「自分のことなんか誰も心配してくれないし、嫌なことばかり言うんだね」と、相手の言葉をほぼ忠実になぞり返す。相手の気持ちを汲みながら、発した言葉をそのまま映し返すと、相手は自分の気持ちがしっかり受け止めてもらえたと感じるだけでなく、自分の口にした言葉が他人の口から語られるのを聞くことで、少し客観的に見ることができる。「自分のことなんか誰も心配してくれない」という言葉を聞きながら、その通りだと思うかもしれないが、少し言いすぎだったかなと思うかもしれない。いずれにしろ、自分の言葉を振り返るきっかけになる。

②の言い換えや要約の技法であれば、「あなたは誰からも大切にされず、逆に否定されているように感じているのですね」と、ポイントをまとめた言い方になる。この場合は、いささか感情的な言葉を客観的な表現に置き換えることで、状況を整理し冷静に見つめ直すのを助けることになる。

③の質問してもう少し詳しく話してもらう技法だと、「誰も心配してくれないというのは、どういうことですか?」とか「そう思うのは、何かあったのですか?」と、より具体的に話を掘り下げていく。より具体的な話を聞くことで、漠然とした印象や思い込みではなく、事実に忠実に検討することができるようになる。「嫌なことばかり言う」という発言に対しても、同じように説明を求め、話を具体的に深めていくことができるだろう。共感を示すと同時に、より実態に即して状況を把握することは、聞き手にとっての理解が深まるだけでなく、話すほうにとっても、何が起きたのかを整理する助けとなる。

④の語られていない気持ちや事実を推測するという技法では、「そんなとき、自分なんかいないほうがいいと思ったりしませんか?」とか、「もしかして、そんなとき過食をしてしまったり、自分を傷つけたくなったりしませんか?」と、問題行動との関係を推測することで、「気づき」を促すこともできるだろう。ほんとうは本人自身が気づくことが望ましいの

だが、間接的なヒントを与えることで、そのときはピンとこなくても、後で「気づき」にいたるということも起きやすい。

バイトを辞めてしまった男性のケース

もう一つ例を出してみよう。ずっとこもりがちだった男性が、ようやく就職活動を始めてバイト口を見つけたものの、二週間で辞めてしまったという状況で、次のように述べたとしよう。

「もうすっかり自信をなくしました。努力しても自分には無駄なんだって。所詮《しょせん》働く能力がないんだと思います。仕事が遅いって言われるんです。自分ではかなり頑張ったつもりですが。毎日毎日言われていると、情けなくなってしまって。辞めて、正直今はほっとしているんです」

①の単純な映し返しの場合も、どの部分を映し返すかによって、その効果は変わってくる。「努力しても無駄ですか。仕事が遅いと毎日のように言われた。それで情けなくなったんですね」と、ネガティブな発言ばかりを映し返しても、暗い響きを増幅してしまうだけである。傷ついた思いを受け止めるためには、そうすることが必要な場合もあるが、このケー

スの場合は、二週間で仕事を辞めたことは決して失敗とは言えない。むしろ、大きな進歩である。したがって、ネガティブな事実を強調することは、事実を悲観的に歪《ゆが》めてしまうことにもつながる。むしろ、こうした場合には、楽観的な点に目を注ぐ必要がある。

「自分では、かなり頑張ったんですね」と、その部分だけを映し返すこともありなのである。そこから、働いている間に努力した日々のことが、もう少し語られるかもしれない。「今はほっとしている」の部分をなぞることも、久しぶりに働いた達成感や、辞めることを決断して、それを実行できた話へと展開することで、肯定的な見方を引き出せるかもしれない。

②の言い換えや要約の技法では、さらにそうした加工修正を施しやすい。

「二週間で辞められたことに、あなたは満足していないんですね」と一言で要約することもできるし、「何年かぶりに、あなたは働いて、頑張って努力されたんですね。しかし、久しぶりでしたし、仕事が思うようにできない部分もあって、辞めることを決断した。それでも、二週間続けられたわけですね」と、もう少し嚙み砕いて状況を要約することもできるだろう。

必死で頑張った思いと、仕事ぶりを認めてもらえず、二週間で辞めなければならなかった悔しさを汲み取りながら、映し返しを行うと、その人は、自分の気持ちを受け止めてもらえたと感じて、心を動かされるだろう。傷ついた気持ちが癒され、肯定的な思いが回復しやすくなるのである。

③の説明を深める技法であれば、「ほっとしているというのは、どういうお気持ちなんでしょうか？」と、話を深めていくこともできるが、逆説的に、「すっかり自信をなくしたと言われましたが、どうしてですか？」と、本人の思い込みにアタック・クエスチョンをぶつけてもよい。そこから、本人が悲観的に事実を受け止めすぎていることに気づかせることにつながるかもしれない。

④の推測をぶつける技法であれば、「二週間で辞められたことが、本当に悔しかったんですね。もっと続けたい気持ちがあったんですね」と、悔しさに焦点を当てることもできるし、「何年ぶりかの仕事でしたが、あなたは、もっと自分ができると期待していたんですね」と、過剰な期待を取り上げて、そのことに気づかせることで、決して今回の結果は悲観すべきものではなかったと本人が納得できるようになるかもしれない。

いずれも、肯定的な方向に映し返しを行っている例である。リフレクティブ・リスニングは、本来鏡のように中立的に映し返すものであるが、実際には、反射の仕方を意図的に調節して、肯定的な反応を強調するということが行われるし、そうすることが必要な場合も多いのである。

オープン・クエスチョンが大切な理由

リフレクティブ・リスニングの③や④の方法でも使われているが、対話をするうえで、聴くこととともに非常に大きな力を発揮するのは、質問することである。質問は、話を深め、整理するだけでなく、気づきを与え、変化を引き起こすうえで強力な武器となる。質問によって豊かな可能性や変化を引き出すためのポイントは、オープン・クエスチョンを用いることである。

オープン・クエスチョンは、「どのように」「どうして」「どんなふうに」といった、広がりをもった質問である。反対はクローズド・クエスチョンで、イエスかノーで答える、または選択肢から選ばせる形式の質問である。

自由度が低い質問ほど、質問する側のペースでことを運びやすく、脱線する危険が少ない。手際よく情報を集めようと思うと、質疑応答型の質問の方が効率がよいということになる。しかし実際には、クローズド・クエスチョンで得た情報は、表面的で中身が乏しくなりやすく、オープン・クエスチョンで語られた情報のほうがはるかに中身が豊かである。

オープン・クエスチョンが重要なのは、より豊かな情報を得られるからだけではない。より主体的な反応を引き出すことができるのである。クローズド・クエスチョンに答えるとき、相手は受け身になってしまい、質問する側の視点に縛られて、その人の視点から語られる言葉は出てきにくい。ところがオープン・クエスチョンに答えるときは、自分の言葉で語ることになるので、それだけ能動的に対話とかかわることになる。それこそが、対話を対話たらしめるのである。

質問をする際に気をつけたいのは、詰問調《きつもんちょう》になってはいけないということである。相手が主体的に語るためには、安全感が保障されていることが何よりも大事である。そのためには、「なぜ」「それで」「どういう意味？」といったシャープな言葉で畳みかける調子になることは避け、ふわっとした言葉で、答える側がゆったりと振り返られるようにもっていくことがポイントである。

肯定的な反応を増やす

これまで述べてきた重要な技法——傾聴する姿勢、関心の共有、主体性の尊重、共感的応答、そしてリフレクティブ・リスニングやオープン・クエスチョンとともに、もう一つ重要で基本的な技法は、肯定的に反応するということである。肯定的な応答は共感と同じくらい対話をスムーズにする。肯定的に反応する人は周囲から好感をもたれる。厳しいことを言う人よりも良いことを言ってくれる人と、多くの人は話したりかかわるのを好むのである。どんなに親しくて信頼関係が成立しているはずの間柄であっても、否定的なことを言うと相手はむっとするだろう。それほど、否定的なことを言われることは心を傷つける危険を孕《はら》んでいる。ましてや、親しみも信頼関係もない間柄で、否定的な言動を向けられたりすれば、激しい恥辱と怒りを感じ、その主張を受け容れようとは思わないだろう。

肯定的な反応は、対話を容易にするだけではない。相手に力や勇気や自信を与える。逆に、否定的に反応すればするほど、相手のやる気とパフォーマンスは低下し、あなたとの関係も悪化していく。

これは、あまりにも単純なことだ。肯定的な反応は、相手の安全感を高めるだけでなく、自己効力感を高めることで、実際のパフォーマンスまで優れたものにする。否定的な反応は、安全感も自己効力感も損なってしまうことで、どんどんその人を追い詰めていく。その状況から逃れるためには、あなたとの関係を終わりにするしかない。つまり、不信感や反抗、攻撃、背信が始まることになる。

肯定的な反応を増やすことで、相手との関係も、相手の状態もぐんと良くなるというケースは、枚挙に暇《いとま》がないほどだ。にもかかわらず、その逆をやってしまうということが、あまりにも頻繁《ひんぱん》に起きている。極めて単純なことであるにもかかわらず、多くの人が同じ失敗を性懲《しょうこ》りもなく繰り返してしまう。その辺りに人類がぶつかっている一つの壁がある。進化的な限界によるものかもしれないし、間違った学習によるものかもしれない。もし後者であれば修正が可能なはずだ。

褒める場合の落とし穴

肯定的な反応を増やすという場合に、陥りやすいもう一つの落とし穴は、褒《ほ》めすぎてしまうことである。褒めすぎは紙幣の乱発に似ている。乱発すればするほど価値が落ちるだけでなく、信用も失墜する。

かと言って、肯定的に評価することが少なすぎる状態はデフレのようなもので、やる気も活気も低下してしまう。それよりは褒めすぎのインフレのほうがましなくらいだ。

重要なのはバランスであり、また、変化を見落とさないことである。大きな変化よりも、小さな変化が重要である。小さな変化が兆《きざ》し始めたとき、すかさずそれを認めて、肯定的な評価を与えることが重要なのである。それが変化を確実なものにしていく。せっかく良い変化が起きていても、それに気づきもせず、全然違うことで叱りつけたりしていたのでは、一向に良い変化は定着しない。

一つ注意すべきことは、肯定的な評価は強力な誘導になりうるということである。中立性を踏み越えて、本人の主体性を歪めてしまいやすいのである。ときには本人の意思とは異なる方向に誘導してしまう危険もある。本人の主体性を尊重して意思決定を行わせようとする場合には、どちらか一方に肯定的評価を乱用しないように注意しなければいけない局面もある。

たとえば、スポーツに秀でることを期待する親や指導者は、運動能力に対して肯定的評価を与えることが多くなるし、芸術的な面や学業で秀でてほしいと願う親や指導者は、それぞれ自分の関心の高い領域について、肯定的評価を与えようとするだろう。それは、確かに有効であるが、その子のもつ他の能力や可能性を見落としてしまい、それを伸ばし損なうということも起きる。

こちらの期待ではなく、その子の嗜好や特性を広い角度から冷静に見て、作為的な視点ではなく、どちらに伸びていこうとしているのかという主体性を尊重する眼差しをもつことが、その子の可能性を最大限に発揮させることにつながるだろう。

主体性を侵害されたくないと感じて、誘導されることを嫌う人では、肯定的な評価を与えられることに警戒心を抱くケースもある。そうした場合には、感情を込めすぎず、むしろあっさりと評価を伝えるようにしたほうが、警戒心をやわらげ、評価を受け容れることにつながるだろう。

その意味で、思いもかけない人から企《たくら》まない評価を与えられることは、大きなモチベーションや自信を生み出しうる。

私自身にも経験がある。私は小さい頃、あまり勉強ができず授業中もぼんやりして、ノートに落書きばかりしていることが多かった。ところがある日、職員室に入っていったときのことだ。入ってきた私に気づかずに教師たちが話をしていた。その話というのは、どの子が将来有望かというもののようだった。私は聞くともなく話の内容を聞いてしまった。驚いたことに、一人の教師が私の名前を挙げて、「あの子は伸びるような気がする」と言った。よく怒られていた教師だったので私は二重に驚いた。その些細な出来事が、何となく楽観的な希望と自信を生んだように思う。私はその「予言」を実現すべく、前よりも教師や黒板のほうを見るようになった。

だが、もし私がまったく正反対の「予言」を耳にしていたら、どうだったであろう。肯定的なものであれ否定的なものであれ、評価というものは一生を左右するほどの影響力を及ぼすということを、私はその後の経験のなかで嫌と言うほど見てきた。

とどまりがちな岩を動かし続けるには、中立的な立場を保持しつつ、肯定的な評価を適宜《てきぎ》与えていくことが非常に重要である。ひどい状態から見違えるように立ち直る大きな変化を引き起こす原動力として、肯定的に接するという姿勢は不可欠な要素だと言えるだろう。

概して言えることは、否定されて育った人は伸びず、能力を半分も生かすことができないケースが多く、肯定されて育った人は、もてる力よりも大きな結果を残しやすいということである。しかし、思い入れが強すぎてそれが誘導になってしまうと、せっかくの肯定的な評価も将来の行き詰まりを用意することになってしまうかもしれない。あくまで主体性を尊重しながら、肯定を与えていくという絶妙なバランスが、真の力を生むのである。

ピグマリオン効果と信じる力

評価は、それを信じることによって力となる。その力は非常に強力で、評価がほとんど根拠のないものであっても、大きな効果を及ぼすことが知られている。ピグマリオン効果と呼ばれるものだ。

小学生を対象に行ったある実験で、事前の検査結果とは無関係に、無作為に選んだ生徒について、この子は将来有望ですと教師に伝えた。一年後、もう一度調べてみると、「将来有望だ」として選ばれた生徒は、本当に成績が上がっていたのである。

無作為に選んだアルコール依存症の患者に、あなたは「回復する可能性が高い」と伝えたところ、そうして選ばれたグループは実際に断酒率が高く、一年後の社会的予後も良好だった。

「見込みがある」と本人や周囲が信じたことによって、実際に良い結果がもたらされたのである。信じることは、それを実現してしまう力をもっているのである。

つまり、人にかかわり、人を育て、人を支援する役割を担っている者にとって、ある意味もっとも大切な能力は、本人の可能性を信じる能力だと言える。必ず良くなる、必ず乗り越えられると信じてかかわる者は、実際に良い結果を生み出しやすいのである。逆に最悪なのは、信じるよりも疑い、評価するよりも否定し、どうせ変わるはずがないと心のなかで見捨てて、本人を蔑《さげす》んでいる人にかかわられた場合である。

対話において、このことは非常に重要である。相手に対する敬意をもち、相手のなかにある可能性を信じ、その長所に目を注いで向かい合う人である場合は、そこから良い変化が生まれやすいのである。

人を良い方向に変えていく達人に共通するのは、ネガティブな先入観を一切捨てて、真っ白な白紙の状態でその人に接しようとすることである。そして良いところを見つけて、あなたはとても良いところをもっていると、繰り返し言い続ける。言い続けるだけでなく、その人が良い方向に変化することを信じ続ける。すると本当に、そうした変化が起きるのである。

第二章

問題を解決するアプローチ

対話には二つの大きな働きがあることを、先に述べた。一つは、安全感を高めることであった。そのために有効な対話の技法として、相手に敬意を払い傾聴すること、関心を共有すること、肯定すること、共感しそれを表現することをあげた。

しかし、対話には、もう一つの大切な働きがある。それは、悩みや対立といった問題を解決し、新たな変化を生み出すということである。この章では、対話によって問題解決をスムーズにするには、どのようにすればよいかを考えていきたい。

問題があるところに原因があるとは限らない

生きている限り、さまざまな問題が降りかかってくる。問題と付き合うのが人生と言っても過言ではないだろう。問題は避けられない。大事なのは、降りかかってくる一つひとつの問題をいかに解決するかということである。その問題も、たいていは複雑な要素が絡み合い、簡単に正解が得られるようなものでないことが多い。しかも、次から次へと問題が生じてくる現代のような時代にあっては、問題を迅速《じんそく》に解決するスピードが要求される。正解のない問題に迅速に答えを出すという、かなり過酷で困難なことが求められるのである。

通常、問題を解決するもっともオーソドックスな方法は、問題の原因を突き止め、原因を取り除くことによって問題を解消するというものである。医学的な治療は、通常このモデルに基づいている。この方法は、それが可能な場合には極めて有効な対処法となる。しかし現実には、この方法で問題解決ができるのは全体のごく一部なのである。世の中には原因がよくわからない問題がごまんとあるし、原因がたとえ明らかでも取り除きようがないこともしばしばである。

たとえば、あるビジネスパーソンがうつになった場合、子どもが学校に行けなくなった場合、何が問題の原因なのかということは、そう単純な問題ではない。医者に行けばビジネスパーソンの男性はうつ病と診断されて、うつ病が原因だということになるかもしれないが、本当の原因は職場での過重労働や不当な扱いかもしれない。学校に行けない子どもも、検査の結果、適応障害や発達障害という診断が下されるかもしれないが、本当の原因は、学校でのいじめや両親の離婚問題にあるかもしれない。

うつ病を治そうといくら治療したところで、職場の待遇があまりにも非人間的なものであれば、問題は解決しないだろう。子どもの問題に手当てが施されても、いじめや夫婦仲が改善しなければ、問題の解決には役立たないだろう。

子どもの問題を解決しようと心理療法をいくら施してもなかなか効果がなかったが、精神的に不安定だった母親が通院を始めて安定すると、子どもの問題も自然に落ち着いたというケースもある。失敗を繰り返していた薬物依存の女性が、否定的なことしか言わなかった父親が亡くなると改善に向かった例もある。

問題があるところに原因があるとは限らない。先ほどの母親にしても、夫からの暴力によってうつになっていたのかもしれないし、問題のあった父親にしても、その親との関係が不安定だったことが影響していたのかもしれない。因果の連鎖は絡まり合っているので、どれが原因でどれが結果と言えないようなことも多い。

そうした場合、根本的な原因を突き止めて、そこを解決すれば問題が改善するという手法がなかなかうまくいかないし、原因がおよそ推測できたとしても、それを根もとから改善することはほとんど不可能である。

性格的に問題のある上司がストレスの原因だからと言って、その上司をクビにすることも、上司の性格を治すこともできない相談だろう。虐待する親が、その親に虐待されて育ったとわかっても、一家の歴史をいまさら塗り替えることはできない。原因を認識することは重要であるし、その認識によって行動が変化することもあるが、何ら変化しないこともある。

解決志向短期療法とは何か

とにかく困っている問題を、限られた時間とリソースの中で解決しようとするとき、もっと簡便で短期間に行える方法、実際的な効力が速やかに得られる方法が求められることになる。

そうした要請に応えて登場したのがブリーフ・セラピー（短期療法）である。ブリーフ・セラピーには、さまざまな流派があり、各流派ごとに方法や理論に違いがあるのだが、近年注目され大きな影響力をもつようになっているのが、解決志向アプローチ（solution-focused approach）と呼ばれる方法である。解決志向アプローチは、スティーブ・ディ・シェイザー（一九四〇～二〇〇五）とインスー・キム・バーグ（一九三四～二〇〇七）を中心に練り上げられた方法で、このグループは活動拠点の地名にちなんでミルウォーキー派とも呼ばれる。

ミルウォーキー派の特徴は、バーグ自身が述べているように、問題が何であるかよりも、問題がうまく解決するかどうかに中心的な関心をもつことである。つまり、問題について、その嘆き悲しみを受け止めたり原因の究明に力を注ぐよりも、とにかく問題の解決を優先するのである。

当初この方法が入ってきたとき、原因の究明を素通りして、ただ問題を解決すればいいという発想に抵抗を感じる人も多かった。実際、医学的なモデルに慣れた精神科医にはあまり人気がなかった。しかし、近年は関心をもつ人も増え、多くの技法が臨床の場にも採り入れられている。というのも、この方法が簡便で実際的なうえに、即効的な効果をもつからである。

非常に面白いのは、問題に向かうよりも問題の解決を重視するという構造自体が、問題解決を促進することである。

どんな問題であれ、不満や悲しみをぶちまけたり原因究明を始めると、悲しさや怒り、恨みつらみといった負の感情が噴出することになる。誰が悪かったからこうなってしまったのか、何をしたからこんなことが起きたのかと責める気持ちが、周囲の人間に、あるいは自分自身に向かうことになる。気分は沈み、意欲は低下し、否定的な考えが強まりやすい。実際、問題の原因について話をし始めれば、こうしたことが起きてしまう。治療として行われる場合でさえも、問題の原因について話し出すと、たいていの人は暗い表情になり、状態が悪化することが多い。

原因の究明は過去に向かうことになる。いくら究明しても過去は変えることができない。

原因がわかって納得がいくという面もあるが、同時に、もうどうすることもできないという無力感、理不尽さの前に茫然自失するほかないということにもなる。原因究明は気が滅入り、精神的に消耗する割には報われにくい作業なのである。

それに対して、問題の解決に取り組もうとするとき、人は前向きで元気になる。すぐには解決できなくても、何とかして成し遂げようとし始めたとき、人はもう変わり始めている。問題の解決は未来に向かっている。幸いなことに、未来はいくらでも変えることができる。過去を悔やみ原因を云々するよりも、報われる可能性はずっと大きい。

解決志向アプローチでは、この原理を最大限に活用しようとする。原因の究明はスルーして、過去ではなく常に未来に目を向け、すべての対話は問題解決という一点を目指すのである。

問題を解決するとはどういうことか

その具体的な方法を見ていく前に、そもそも問題を解決するとはどういうことなのかを考えておくことは有益だろう。人はなぜ悩みや対立や困難な課題にぶつかり、そうした問題を解決することができるのか。問題とは何か、問題を解決するとはどういうことなのか。

まず単純化した例として、三角形の証明問題を考えてみよう。なぜ、それが問題になるのだろうか。なぜ、問題を解くことができるのだろうか。

三角形の証明問題が問題となるのは、解決方法がすぐには見通せないからである。しかし、補助線を一本引くだけで方法が見えてきたりする。つまり問題を解くことは、それが見通せる視点を手に入れるということだと言える。幾何学の訓練を積んだ人は、一瞬でその視点にたどり着けるので答えが見えるのである。ある意味、答えはすでに存在しているのであり、ただそれが見えるか見えないかだとも言える。そうでなければ、そもそも問題を解くことはできないだろう。

もちろん、人生の問題は幾何学の問題よりずっと複雑で、答えも一つとは限らない。しかし、それを解くことができる人も大勢いる。その人には答えが見えるようになったからだ。しかし、解けない人には見えない。見えるか見えないかなのである。

幾何学の問題であれば、その人には答えが見えなくても、幾何学の得意な人を介して見えてくることもあるだろう。ところが人生の問題となると、他の人が代わりに見ることはできない。その人にしか見えないのである。なぜなら、問題の答えはその人しか知らないからである。自分や周囲の状況について知っているのは、誰よりも本人であり、問題の答えも本人の中にあるからだ。それが、さまざまな雑多なものにうずもれて気づけなくなっているだけなのである。目の前にあっても見えていないだけなのである。

解決志向アプローチとは、見えていない答えに、それと気づかせる方法である。

迷路を出口からたどる

解決志向アプローチが、なぜ短期間で解決にたどり着きやすいかと言えば、それは迷路の問題を出口からたどるようなものだからと言えるかもしれない。迷路はたいてい入り口からたどると、何度も行き止まりにはまり込むように作られているが、逆からたどると、ほとんど一本道だったりする。人生の問題もこんな迷路によく似ているのだ。

問題を現在の視点から見ると、錯綜《さくそう》する枝道に注意を攪乱《かくらん》されて、なかなか進むべき道が見えてこない。しかし、未来に視点を移してそこから眺めてみると、答えが一目瞭然になったりする。一番肝心なのは何かという本筋のところがはっきりするからだろう。

言い換えれば、常にゴールから問題を考えるということだ。その考え方を、ディ・シェイザーは次のように述べている。「解決の扉に通じるもっとも効果的な方法は、問題が解決されたときに、クライエントの行動がどのように違ってくるか、それまでと違うどんなことが起きるかをイメージし、有益な変化を予想することである」(de Shazer "Keys to Solution in brief therapy" より)

つまり、問題を解決する一番の近道は、問題が解決したらどうなるかを思い描き、その状態のとき何が変わっているかを明確にすることだというのである。それは、問題自体の原因を見つけ出してそれを解決するという従来の問題解決の方法とはまったく異なっている。ディ・シェイザーは、そのプロセスを解決構築(solution construction)と呼んだ。そして、問題解決そのものを目指すよりも解決構築を目指すことが、結局は問題解決に素早くたどり着けることに気づいたのである。

ゴールを明確にする

多くの人が道に迷ってしまうのは、道がわからないからというよりも、ゴールがはっきりしていないからということが多い。ゴールが明確でないのに、迷わずにゴールにたどり着くことなど、できない相談だからである。ゴールはわかっているが、その方法がわからないと思っている場合も、実は到達困難なゴールをいきなり目指そうとしたり、誰にもどうにもならないことをゴールだと思い込んでいる場合が少なくない。解決志向アプローチでは、到達可能なゴールを明確にすることを重要視する。ある意味、達成可能なゴールを明確にする過程が、解決構築にほかならないとも言えるのである。

話を始めるときから、常にその人が何を求めているのか、どうなりたいのか、今実現できることは何かを繰り返し問いかけ、それを明確にしていこうとする。

とかくありがちなことは、自分が求めるゴールが本当の意味ではわかっておらず、目の前の不快な事態をただ取り除くことが問題解決だと思っているという状況である。その場合、本人からすると、厄介《やっかい》な出来事や不当な事態が降りかかってきて、自分を苦しめていると感じていることが多い。つまり、周囲に原因があって、それが問題を引き起こしていると受け止めている。その人にとって、問題解決とは周囲の原因を取り除くことであるが、それは容易なことではなく、解決のない袋小路にはまってしまう。なぜなら、他人や外の世界を変えることは簡単にはできないからだ。

問題解決がうまくいくときは、いったい何が起きるのか。先ほどの場合とはまるで違うことが起きる。つまり、自分の求めるものが明確になるとともに、それを手に入れるためには、自分が変わることで周囲との関係を変えていけばいいということに気づくようになるのだ。そして、さらに自分がどう変わっていけばいいのかというイメージがより明確になり、それを実現していくための具体的な方法を模索し始める。問題解決アプローチは、その過程を効果的に促進しようとする。

最初のステップで必要なのは、達成可能なゴールを定めることである。進歩するにつれてゴールは変わってもいい。

「あなたが、いま一番求めていることは何ですか？」

「一年後、あなたはどうなっていたいですか？」

「この話し合いを通して、あなたは何を摑み取りたいですか？」

「そのために、今すぐあなたが実行できることは何でしょうか？」

こうした質問を随時行うことでゴールを明確にし続けることが、解決構築を促すのである。

うまくいかなければ違うことをする

解決志向アプローチのもう一つの柱は、問題解決に役立つものは採り入れ、それを続け、役立たないものは止めて別のことをするという原則である。理論的に、このやり方が効果があるはずだということよりも、実際に効果があったかどうかを最優先する、徹底した帰納的経験主義なのである。

うまくいかないときは、こだわらずやり方を変えていく。うまくいくことを見つけたら変えずに続ける。これが基本である。うまくいかないことを嘆いたり、うまくいかないことの原因を、あれこれ詮索したりすることにも関心をもたない。うまくいったことにのみ注目するのである。そこから、「例外的な」現象に注目するという姿勢が生まれる。例外的にうまくいったことに着目するのである。過去の成功体験が重要視されるのも、そのためだ。そこには、うまくいくヒントがあるはずだからである。同時に、その人の自信や希望を回復させる力がひそんでいるからでもある。解決志向アプローチは、徹底して前向きなのである。

初めて耳にするという姿勢

では、具体的にどういう対話を行っていくのだろうか。

解決志向アプローチでは、後で述べるような技巧的な質問ばかりに目を奪われそうになるが、基本は第一章で述べてきた対話の手法とそれほど変わらない。やはり一番の基本は傾聴ということである。傾聴という姿勢なくしては、相手との信頼関係も築けないし、情報を得ることもできない。そして何よりも、本人の主体的な発言を引き出すことができない。主体的な発言こそが変化を生み出すのだという考え方も、ロジャーズが確立したものを受け継いでいる。

傾聴がうまくいき、話し手の主体性を高めるうえで非常に役に立つ技法として、われわれもぜひ念頭にとどめておきたいのは、「知らないという技法」である。つまり、すでに知っていることであったとしても、「知らない」「初めて耳にする」という姿勢をとることである。

専門家であれ家族や知人であれ、本人の話を聴くときは、「もう、お前のことはわかっているよ」という姿勢をとってしまいがちなものである。それでは、本人の主体性に敬意を払って傾聴するということにはなりにくい。先入観で曇らせた目で、否定的な結論を先に下してしまっている相手に話すことほど虚しい作業はないだろう。ところが、専門家でさえそれをやってしまう。入れすぎた情報を鵜《う》呑《の》みにすることは、傾聴を邪魔してしまう。

「もう、お前のことはわかっているよ」ではなく、まだ何も知らない白紙の心で、向かい合うことが大切なのである。たとえ何某かの情報が頭に入っていても、「今初めて聞きました」という姿勢で**「そうだったんですか」**と耳を傾けることが、対話を有益なものにしやすい。

肝心な問題に話題を集中する

解決志向アプローチで対話を進めていく場合、もう一つ大事なことは、肝心なところに話題が向かうようにすることである。話す内容について、話し手にすべてを委《ゆだ》ねるというよりも、話が肝心なことに向かうように手助けをする。

時間がたくさんあれば、一見無関係に思えることを本人が話しても、それに応じるという手法が大きな意味をもつこともある。しかし、限られた時間のなかで、効果的に対話をしようとする場合、脱線や迂回《うかい》を放置していると、肝心な話ができなくなってしまう。

問題解決をするためには、問題がどういうものか描き出される必要があるし、その人にとって重要なことは何か、重要な人はだれか、それはどのように重要なのかといったことが明確にされていく必要がある。

解決志向アプローチでは、その人にとって重要な出来事と重要な人物について、対話のテーマが集中するように話を運んでいく。なぜなら、そこから自然と解決構築のヒントも浮かび上がってくるからだ。

その意味で、本人に問題を解決したいという意志がほとんどないような場合は、このアプローチは向かないだろう。本人のペースからすると、話のもっていき方が性急すぎて空回りや強い抵抗にあいやすいからだ。しかし、問題を解決したいという気持ちが強い場合には、この方法は非常に有効である。こちらが気を配らなくても、自分から肝心な問題に話題を集中させてくる。しっかり食いついてくるのである。

問題解決の意志が曖昧《あいまい》な段階では、第一章で述べてきたような手法や第三章、第五章、第六章で述べる方法を用い、問題解決への意志が強まった段階で、この技法に切り替えていくことも、一つの方法である。

近年では、こうした場合への考慮から、解決志向アプローチでも、問題自体から離れた対話というものを重視するようになってきている。気楽なテーマや趣味的な話題について話しながら、そこから本人の関心や価値観を探り、また信頼関係を築いていこうとする。

共感やねぎらいは、やはり重要

傾聴と同じく、共感や肯定的な姿勢も重要である。そのような姿勢を表すものとして、賞賛やねぎらいが重要視され、それは一つの技法としてコンプリメント（compliment）と呼ばれる。コンプリメントには、お世辞というニュアンスもあるが、それが空疎《くうそ》な口先だけのものになってはいけない。現実の共感に根差していることが大切だ。その点もロジャーズの伝統を受け継いでいる。

コンプリメントの技法として、直接褒めたり、苦労や努力をねぎらう方法のほかに、質問を使うやり方もある。

「どうやって、そのことに気づけたのですか？」

とか、

「どうしてそんなふうに努力することができたんですか？」

と問いかけるのである。こうした質問によって、自分が評価されていることを感じるだけでなく、その質問に答えることを通して、好ましい行動や考え方を強化することができる。

これは次章で紹介する動機づけ面接法などでも、よく使われる技法である。

また、共感と密接に結びついた非言語的な表現が重要なことは言うまでもない。身振りや表情、雰囲気というものは、言葉が伝える以上のものを伝えてしまう。技法に気をとられて、こうした土台をおろそかにすると、頭でっかちな面接になってしまい、相手は自分の気持ちが受け止めてもらえなかったと感じてしまう。

キーワードをフィードバックする

ロジャーズの方法では、オープン・クエスチョンとリフレクティブ・リスニングによるフィードバックが重視された。それが主体的な語りを引き出しながら、同時に考えを整理していくのにとても役立つからである。

解決志向アプローチでも、できるだけオープン・クエスチョンを用い、**「どんなふうに」「どうやって」「どうして」**といった自由度の高い質問によって、豊かで主体的な言葉を引き出すとともに、それが整理されていくようにフィードバックを行う。

ただ、フィードバックの方法は、鏡のように映し返すリフレクティブ・リスニングの方法ほど、話し手の言葉を忠実に映し返そうとはしない。要所要所だけをフィードバックする、より簡便で自由度の高い方法がとられる。

話し手の言葉を繰り返す場合も、キーワードとなる部分を中心に行う。そのフレーズを繰り返したり、それはどういうことかと質問をする。

たとえば、「もういやになりました。ひどいものです。いつもこうなんです。もうこりごりです」という発言に対して、いつもこうなんです、という発言にひっかかるものを感じたとしたら、そこを「いつもこう?」と、軽い驚きを込めて疑問形で繰り返したり、「『いつもこう』**というのは、どういうことですか?」**と、もう少し説明を求めたりする。

言い換えたり、要約するのも重要なフィードバックである点は同じである。本人の発言をできるだけ邪魔しないように、手短に言い換えたり、要約するように心がける。

要約は、問題を整理するとともに客観化することで、冷静に考えやすくなる働きがある。話し手が冷静になるだけでなく、聴き手のほうも冷静になる効果があるとされる。ひどい話を一方的に聴き続けていると、聴き手も感情が鬱積《うっせき》し、それが聴く姿勢にも微妙な影響を与えるものである。そのとき、**「あなたの話してくれたことを少しまとめると、〜ということですか？」**と要約することで、聴き手も客観的な視点を強化できるのである。

ノーマライズする技法

それ以外のフィードバック技法として用いる機会が多いものに、ノーマライズするという技法がある。この場合のノーマライズとは、「特別ではなく、ふつうに扱う」ということである。共感する態度というよりも中立的な態度で、客観的に冷静な見方を淡々と伝える技法である。過剰に感情的になるのを防ぎ、冷静に事態を見直すことを促すことができる。

たとえば、不登校になっている息子が母親に暴力をふるって、母親がひどく嘆いたり興奮しているとしよう。そのとき、母親に共感しすぎてその激しい感情の渦に巻き込まれても、問題解決から遠ざかってしまうだけである。母親は問題自体に没入しすぎて、解決構築という方向には向かっていないからだ。こうした場合はむしろさらっと、「不登校の子どもさんの場合、親に暴力をふるうのは**よくあることです**」と共感しつつも、その出来事自体をあまり重視しないという姿勢を示したほうが、母親の視点が切り替わりやすい。こちらがそういう反応をすると、ハンカチを握りしめて嘆き憤《いきどお》っていた母親も、あれっと顔を上げてこちらを見返してくるだろう。そうなればすかさず、**「問題を嘆いていても始まりません。どうすれば解決するかを一緒に考えましょう」**と、さらに視点の切り替えを促すことができる。

疑問や発見、驚きを伝える

しばしば相手にインパクトを与え、気づきや変化を促すフィードバックの仕方として、こちらが疑問に思ったことや気づいたこと、驚いたことを伝えるというものがある。その人にとっては当たり前のことも、第三者から見ると当たり前ではないということがある。そのギャップに気づかせ、自分の見方とは違う見方があることを知らせて、自分を振り返らせるきっかけにするのである。

たとえば、**「どうも腑《ふ》に落ちないんですが、どうして○○さんは**お母さんに対して、そんなに気を遣う**のですか？」**といった形で疑問を語る。**「へぇー、そうなんだ」**と驚きを表明するのも一つである。

　また、相手が自分では気づいていない矛盾や、発言と行動の食い違いを指摘したりすることも役に立つ。その場合も、相手を非難するようなニュアンスにならないように気をつける必要がある。たとえば、**「ちょっと気になっていたんですが、そのことをお話ししていいですか？」**とか、**「前々からちょっと気づいたことをお話ししていいですか？」**といった具合に、相手の関心を引き寄せつつ、押しつけがましくない、控えめな言い方をすると効果的である。そのうえで、**「どうも〇〇さんは、〜するところがあるような気がするんですが、ご自分ではどうですか？」**と、発見を伝えながら、すぐに本人のコメントを引き出す。本人がそのことについて発言することが、自覚や変化を促すからだ。この方法については、第四章の認知を修正するアプローチで詳しく触れることになるが、解決志向アプローチでは、認知の問題にまで深く立ち入ることはないものの、問題解決を妨げている障害物が自分自身の側にもあるかもしれないということを気づかせるのに、こうした言い回しは有用である。

質問によって気づきを促す

　しかし、このような形で直接問題を指摘する方法よりも、解決志向アプローチがもっぱら得意とするのは、質問をぶつけることによって自分自身でそのことに気づかせることである。

たとえば、自分のことをみんながのけ者にしていると感じている会社員がいるとしよう。彼は、「誰も私と話そうとしないし、素っ気ない態度しか示しません。挨拶をすると、あからさまに無視されることもあります。毎日が針のむしろのようです」と、孤立した状況を嘆いている。

彼に対して、

「あなたのどんなところを変えれば、状況が改善すると思いますか?」と尋ねることも可能だが、そうした質問をするとしばしば起きるのは、悪いのは自分ではなく周りなので、自分が変える必要はないという反発である。その反発を乗り越えられたとしても、自分の視点から考えるだけでは良い発想が浮かびにくいものである。

そこで、一ひねり加えて次のような質問をしたら、どうだろうか。

「今の状況を改善するには、どうしたらよいか、仮に周りの人に聞いてみたとしたら、どんな答えが返ってくると思いますか?」

この質問に対して、はっとする人もいれば、おかしな質問をするなと戸惑いを浮かべる人もいるだろう。だが、本当に問題を解決したいという気持ちがあれば、その質問に真剣に答えようとするだろう。先ほどの尋ね方よりも、自分は悪くないのに、なぜ自分のほうが変わらなければならないんだという反発は起こりにくい。なぜなら、視点が自分ではなく周囲に移るからだ。そこから、良い発想も生まれやすくなる。質問に答える過程で、自分に必要な答えを、自分が答えているということに気づくだろう。

次のような質問形式も、解決志向アプローチでよく使われるものである。

「仮に、そういう状況がすっかり改善したとして、周りの人に、その理由を聞いたとしたら、どんな答えが返ってくるでしょうか？」

あるいは、

「仮に、そういう状況がすっかりよくなったとしたら、周りの人に対して、あなたはどんな行動をとるようになると思いますか？」

これらの質問は、問題を解決した状態にはあるが、現状には欠けているものが何であるのか、気づかせる効果がある。それは、周りに欠けていたことよりも、自分の側にも欠けていたものであるだろう。

周りの問題だと思って、どうすることもできないと感じている状況を、自分の側にも問題があると捉え直すことによって、自分の決意と努力によって状況を変えることができるのだということを、パラダイム・シフトが、問題解決への近道だということを悟るのである。これは、先ほど述べた迷路を出口からたどる典型的な方法である。

解決志向アプローチの大きな特徴は、質問を主要な武器として使うということである。質問を工夫することで、相手に気づきを促したり変化を促そうとする。なじみがない人は、少しわざとらしく技巧的な印象を受けるかもしれないが、これが、大きな力をもつのである。

前向きな言葉を拾い上げる

問題を解決しようとする前向きな気持ちを強化するためには、少しでも前向きな発言が見られたら、敏感に反応し、それを深め、強化することである。

問題を嘆いたり、何かを責めたりする後ろ向きの言葉ではなく、問題を解決したいという意志や、そのためにはどうしたらよいかという模索や、問題を解決したうえで自分が将来どうしたいのか、過去において成功した体験など、問題解決の手がかりになる前向きな発言が見られたときは、それをすかさず拾い上げ、フィードバックし、解決構築への道を進めていく。

そのために役立つ強力な手段は、やはり質問である。前向きな言葉が出てくれば、ただちにそれを受け止め、なぞり返し、質問を重ねることで、その考えをもっと具体的で強力なものに深めるのである。

たとえば、就職したいと思っているが、実際には行動が止まっている若者がいるとしよう。その若者が、「何かしたいなあと思うけど、いざとなると体が動かなくて。この状態に慣れてしまったから」と言った場合、まず肝心なことは、「体が動かない」とか「この状態に慣れてしまった」という否定的な言動や弁解のほうには反応せず、「何かしたいなあと思う」という前向きな言葉に着目することである。そこにまず驚きを示して、「どうして」「どうやって」の質問をするのも一法だ。

「何かしたいなあと思うことがあるんだ。何もしたくないって言っていたのに、**どうしてそう思うようになったの？**」

また、「何かしたいなあ**というと、どんなことかな？**」と、具体的に深めることもできるだろう。

解決志向アプローチでは、問題の解決を目指そうとするソリューション・トークを強化し、増やそうとする。先にも述べたように、そのことが気分や自信を高め、解決を容易にしていくからである。

スケーリング・クエスチョン

前向きに解決に向かおうとする気持ちを拾い上げ強化するうえで、頻繁に用いられ、重要な技法となっているのがスケーリング・クエスチョンである。これは後の動機づけ面接法などにも採り入れられている。

現状のうまくいっている度合いや、前向きに問題を解決しようという気持ち、やり遂げる自信について、0から10の間のどれくらいの段階であるかを尋ねるのだ。

「現状は、どれくらいうまくいっていると言えますか。0から10までの数字で表したら、どれくらいでしょうか?」

「問題を解決しようという気持ちは、どれくらいありますか? 0から10までの数字で言ってみてください」

「問題を解決する自信はどれくらいありますか? 0から10までの数字で言ってみてください」

客観的な数字となって表されることによって、その人の心の状態が、本人にもこちらにもわかりやすい形で共有される。

スケーリング・クエスチョンにおいて重要なことは、それを常に肯定的に評価するということである。2や3だという答えが返ってきても、そんなに低いのかという見方は決してしない。1ではなく、どうして2や3なのかということを、むしろ驚きをもって受け止め、**「0や1ではなくて3なのは、どうしてですか？」**といった質問で、本人のなかの解決を求める気持ちを語らせ、強化する。

もし、3だと言っていたのが4に変化すれば、どうしてそんなふうに変化することができたのかを質問する。質問に答えることによって、その変化はより確実なものとなっていく。

スケーリング・クエスチョンのもう一つの活用方法は、スケーリングの数字と具体的なゴールを対応させることである。

たとえば現状は3だと答えたとしよう。その場合、

「では、10の状態はどういう状態でしょうか？　どういうことが達成されれば10になったと言えるでしょうか？」

と尋ねることで、自分が何を目指しているかを明確にするのを助ける。

さらに、

「では、8の状態はどういう状態でしょうか？　どういうことができれば8の状態と言える

でしょうか？」

という具合に、各段階を具体的に語ってもらう。そして、

「では、一つだけ上の４の状態は、どういうことが達成できれば４だと言えるでしょうか？」

と、その質問に答えてもらうことで、ワンステップ上の達成課題が明らかになる。

「10の段階は最終的なゴールです。10を目指すためには、一段ずつ達成していく必要があります。今お話ししていただいたことから、まず何をやっていけばいいか、少し見えてきたようにも思いますが、いかがですか？」

スケーリング・クエスチョンには、もう一つの使い方が知られている。それは、依存の度合いを尋ねるスケーリング・クエスチョンで、**「（問題の解決や対処を）どれくらい他の人に頼っていますか（自分の力でできていますか）。０から10までの数字で言ってみてください」**と尋ねることによって、自分がどの程度周囲に依存しているかを自覚させることで、積極的なコミットメントを引き出そうとする。

仮定法で抵抗を突破する

しかし、困難なケースほど揺れ動きがつきものだ。解決を推し進めようとすると、抵抗が

生じてしまう。葛藤が強まり、逆の方向にしがみつこうとする気持ちも出てきやすい。

先ほどの例でいえば、体が動かないというのも変化に対する抵抗の表れであり、「何かしたい」という一方の気持ちだけ強化しようとしても、心のなかには、「この状態を変えることは無理だ」という気持が残っていて、逆にそれを強めてしまうことにもなりかねない。

次章で学ぶ動機づけ面接法では、葛藤に正面から取り組むことで、その克服を図るのだが、解決志向アプローチでは、そこは素通りして、まったく異なる仕方で問題解決を図る。先ほども述べた、迷路を出口からたどる発想を用いるのだ。それが、解決志向アプローチで頻用される、「仮に〜だとしたら」という技法である。先ほどの例であれば、

「仮に体が軽くなって、どんどん動けたとしたら、何をするでしょうか？」


と尋ねるのである。

「そりゃあ、そんなふうに動けたら、就職活動をすると思う」と答えてくることもあるだろうし、「旅行にでも行きたいですね」という答えが返ってくる場合もあるだろう。いずれにしろ、堰《せ》き止められていた願望が語られやすくなる。

就職活動をするという言葉が出れば、たとえば次のように驚きと「どうして」の質問を繰り出していく。

「就職のことなんか考えていないのかと思っていたけど、どうしてそう思うのですか?」

そこで、心の中では就職したいと思っていたことや、どうせ無理だから考えないようにしていたということなどが語られるかもしれない。

さらに抵抗を取り去るために、「仮に〜だとしたら」の質問を繰り出していく。

「仮に就職できたとしたら、どんなことが起きるでしょうか?」

「仮に就職できたとしたら、今の自分と何が違うでしょうか?」

「もし就職できたとしたら、何が変わったからでしょうか?」

といったことを尋ねることによって、考えないようにしていたもっと理想的な自分についてイメージさせようとする。そうすることで、未来に対する願望を刺激し、増幅し、明確化し、強化していく。

抵抗が顔をもたげて、仮定から現実に滑り落ちるようなときもあるだろう。

「仮にと言われても……。面接で落とされるのに決まっているから」と、現実の自信のなさのために、イメージすることを拒否するかもしれない。

その場合は、そこまで下がって質問を繰り出し直すこともできる。

「面接に自信がないんですね。でも、仮に面接に合格したとして、その理由を尋ねたとしたら、面接した人はなんて答えると思いますか？」

「面接に合格したとしたら、これまでの自分とどこが違っていると思いますか？」

時間がかかっても考えて答えを出し始めたとき、それは心理的な壁を一つ突破したということなのである。

ミラクル・クエスチョン

そうした仮定法を用いた質問の極めつけが、ミラクル・クエスチョン（奇跡の質問）と呼ばれるものである。これは、インスー・キム・バーグが使い始め、動機づけ面接法をはじめとする、さまざまな心理療法やコーチングに採り入れられて、広く使われる技法となっている。

ミラクル・クエスチョンとは、文字通りミラクル（奇跡）がもし起きて、問題が解決したらという仮定のもとに、その人の理想的な願望が実現したときに、何が起きるかを語ってもらう手法である。

この方法は、変化への意欲や変化するために必要なことを引き出すのに非常に有効で、本当に「ミラクル」を引き起こすこともある。

たとえば薬物が止められない人に、もし奇跡が起きて薬物と縁を切ることができたら、と質問するのだが、その場合も、それによって何が変わるかというよりも、何が変わったからそうなったかに着目させるのである。**「もし奇跡が起きて～としたら、何が変わるでしょう？」**よりも、むしろ**「もし奇跡が起きて～としたら、何が変わったのでしょう？」**と問いかけるのである。こうした質問は、変わるとは周囲が変わることではなく、自分が変わることだということに気づかせ、変わるためには何が必要なのかということを、自ら発見させることにつながるのである。

ミラクル・クエスチョンが効果を発揮するためには、タイミングや使い方が重要である。ただ技法を振り回すだけではうまくいかない。絶望的な思いを十分共感的に受け止めたうえで、この質問を発すると、起死回生の逆転を起こしやすいだろう。

また、相手の気持ちをぐっと惹きつけるためには、切り出し方の工夫や前振りを行うことも必要になってくる。

たとえば、次のような前振りがよく使われる。

「ちょっと想像してみてください。いいですか？　あなたは今日話したことを実行しようと決心して、おうちに帰ります。そして、今夜ぐっすりと眠ります。すると、その間に奇跡が

起きて、あなたが抱えている問題がすべて解決したとしましょう。そして、朝がやってきました。**奇跡が起きたことは誰も知りません。あなたも知りません。あなたは、奇跡が起きたことをどうやって知るでしょう。最初に気づく兆候は何でしょうか?」**

それに対して、薬物依存の話し手は、「体がいつもより軽くて、ぐっすり眠れたと感じるんじゃないかな」と答えるかもしれない。

「他には、どんな兆候が見られるでしょうか?」

「薬物のことを考えずに、ほかのことを考えているんじゃないかな。前みたいに体を動かしたいなと思うかもしれないし、仕事のことを考えるかもしれない」

「他にはどんなことから、奇跡が起きたと気づくでしょうか?」

「外出したりケータイを見たりするときも、薬物のことを考えなくなっていることかな。むしろ、薬物に対して嫌悪感を覚えていることに気づくんじゃないかな。売人のケータイの番号を見ても、腹立たしい気がして削除してしまうとか」

こうしたやり取りによって、問題が解決するとどういう状態になるかということについて、具体的なイメージを獲得しやすくなる。

一方、「もし奇跡が起きて〜としたら、何が変わるでしょう?」式の質問も有用である。

この質問は、抵抗を取り除き、もっと気楽に答えさせることができる。変わったときの自分をイメージさせるのを助け、変わろうとする気持ちを強化する。またあまり技巧的でないので、初心者にも使いやすい。

それまで現状にとらわれて思考が一歩も前に動かなくなっていた人でも、「奇跡」という設定によって現実の縛りを解いてしまうと、不可能だと思い込んで考えることを抑えていたさまざまな願望や実現したい目標が語られやすくなる。そこには、目標を達成するためのヒントになる要素が含まれていることも多い。

奇跡が起きて、薬物を止められたらと尋ねられた女性は、次のように語った。「そうなったら、今までできなかったいろんな楽しみができると思う。ファッションや料理のようなことにも興味をもって、ショッピングを楽しんだり、映画を見たり、旅行に行ったり。薬物をやるようになってからは、そういうことに一切関心がなくなってしまったから。それに、何よりも変わるのは家族との関係だと思う。もっと信頼できるようになるし、隠れてこそこそしたり、嘘をつかなくてよくなる。裏切ったり傷つけたりしないでよくなる。そうなったら、どんなに気持ちが安らぐかと思う」

今まで心のなかにはあったものの抑え込んでいた思いが語られ、活性化されるきっかけとなったのである。

仮定の質問に乗ってこない場合

ただ、ミラクル・クエスチョンは、誰に対しても効果があるわけではない。こうした技巧的な質問に対して拒絶反応を示す場合もある。「あり得ないことを考えても仕方がない」とか「わかりません」とか言って、イメージすることに乗ってこない。そこには、自分の未来を考えることに対する抵抗もひそんでいるのだろう。

うまくいかない場合は、たいていいまだ関係ができていない段階で、成果をあせったということが多い。技巧に走りすぎても相手はついてこられないのだ。まず相手の関心に焦点を当てて共感的に傾聴し、関係を築いていくことが優先だろう。その意味では、拒否的な反応が返ってきたときには、そこにはこだわらずに一歩下がった対応に切り替えたほうが賢明である。

あらかじめ、「想像力は豊かなほうですか？」とか「少し想像力を使う質問をしますが、いいですか？」と尋ねて、心の準備をしておいてもらうのも一法だろう。

関係性の質問

解決志向アプローチにおいて、もう一つ重要な技法は、関係性の質問と呼ばれるものであり、その人にとっての重要な他者（親、配偶者、子ども、恋人、同僚、友人のようなとりわけ大切な存在）と絡めて質問をすることである。たとえば、「仮にあなたが就職したとしたら、どんなふうに変わるでしょうか？」という質問は、関係性を含んでいないが、「仮にあなたが就職したとしたら、お母さんとあなたの関係は、どんなふうに変わるでしょうか？」「お父さんのあなたに対する態度は何か変わるでしょうか？」といった質問は、関係性の質問である。

関係性の質問を用いることで、問題の本質が浮かび上がりやすくなり、より解決が見えやすくなる。人が抱えている問題というものは、幾何学の問題とは異なり、必ず重要な他者が絡んでいる。ギャンブルで負けて借金ができたといった問題でさえ、それが深刻な問題となるのは他者を巻き込むからである。逆に、問題の解決の糸口もそこにある。ギャンブル依存があり借金問題を抱えているという捉え方だけでは、問題の解決はなかなか見えてこない。ギャンブル依存のために家族と過ごす時間が少なくなっていたことや、借金問題で家族を苦しめてきたことが浮き彫りにされることが、問題解決につながるのである。

「仮にギャンブルを止められたとしたら、奥さんや子どもさんは、あなたのことをどう思うでしょうか？」「あなたと奥さんや子どもさんとの関係はどんなふうに変わるでしょうか？」「もし奇跡が起きて、借金問題が片づいたとしたら、あなたから奥さんや子どもさんに何かしてあげたいことはありますか？」

重要な他者は、主語となる場合もあるし目的語になる場合もある。関係性の質問は、解決への願望をより増幅し強固にしていくうえで重要な手段となる。

例外に着目する

解決志向アプローチは、原因の究明を棚上げして問題解決という結果を最優先する実用本位の方法である。ある意味、どんな方法でも問題解決に役立てば、それは有用だとして採り入れられるが、逆に、どんなに立派な理論に基づく方法であっても、役立たなければ棄て去られる。実際の解決構築も、そうした試行錯誤の過程で行われるし、解決志向アプローチというもの全体が、そうした試行錯誤のなかで経験的に作られてきた方法論の集合体である。それは絶えず試行錯誤し続けるという本性をもつものだと言える。

状況や人が変わればアプローチの方法も変化しうるわけで、いつも同じ方法が通用するとは限らない。つまり、すべてに適用できる一般的な方法は存在しないのである。その人にとって役立つのであれば、それが良い方法なのである。

そのことを象徴的に示すのが、解決志向アプローチでは例外的な現象が重要視されることである。例外的な現象に着目して解決を構築していくのである。

たとえば全体的な状態が悪くても、例外的に良いときが存在するものである。その例外的な状態に注目するのだ。悪い日もあったが頑張れた日もあったということが現実には多いのだが、良かったことは後に続く悪かったことによって記憶ごと消し去られてしまうことが多い。ときたまであれ見られた良い状態を、単なる例外的な現象や「まぐれ」として否定的に捉えるのではなく、良くなる可能性を示す希望の鍵を握る状態と見るのである。

それは現在に限ったことでなくてよい。過去にうまくいっていた時期や成功体験があるとすれば、そこに着目するのである。

「どうして、そのときはうまくいっていたのでしょうか？」

「そのときは、悪いときと何が違っていたのでしょうか？」

そうした質問をすることで、うまくいくために役立つことを見つけ出していくとともに、うまくいく能力や可能性が備わっていることを本人に思い出させるのである。うまくいっていないとき、誰しも全部がうまくいっていないと悪いほうに一般化しがちである。そのことによって余計に自信をなくし、自分には問題に対処し解決する能力がないと思ってしまうようになる。

たとえ短くても良かった時期があり、全部が悪かった訳ではないことや、問題に対処したり立派にハードルを乗り越えた経験が実際にはあることを理解するのは、真っ暗闇のように感じられている今の状況に希望の光を取り戻すことにもなる。

コーピング・クエスチョン

自分の対処能力や問題解決能力に対する悲観的な見方を変えるために使われる質問がコーピング・クエスチョンである。小さな進歩に対して、あるいは過去の成功体験に対して、

「どうして、そうすることができたのですか?」

「どうして、問題にうまく対処することができたのですか?」

「うまく対処できたときのことを話してくれますか?」

などの質問をすることによって、実際は自分がうまく対処できていたことを思い出させ、

また、そのためには何が重要だったかを考えさせることができる。

このように問題解決を促進するうえで、その方法を模索することとともに、自己能力感を取り戻すことも重要なのである。

ソリューション・トークへ

対話が深まり、解決構築のプロセスが進むにつれて、最初は悩みや不満ばかりを悲観的に語り続けていた人も、将来に対する希望やこうなりたいという願望、どうやって解決したらいいかという具体的な方法や是が非でも解決したいという決意などが前向きに語られるようになる。

悩みや不満といった問題のネガティブな側面ばかりにとらわれていた語りは、「プロブレム・トーク」と呼ばれるものである。それに対して、問題の解決につながる前向きな期待や見通し、方法、決意といったものは「ソリューション・トーク」と呼ばれる。

プロブレム・トークが多いときはまだ解決に遠い状態で、解決が近づいてくるにつれてソリューション・トークが増えてくる。プロブレム・トークはそれ自体が気分を滅入らせ、自信や意欲を低下させてしまう負の作用をもつ。ソリューション・トークはそれ自体が気分を明るく前向きにし、自信や意欲を高める作用をもつ。つまり、プロブレム・トークではなくソリューション・トークを増やすことが、気分を前向きにし解決を導き出すことにつながるとも言える。

従来のカウンセリングではプロブレム・トークを受容し、そこから問題解決への主体的な意欲や決意が芽生えてくるのを待ったが、解決志向アプローチでは積極的にソリューション・トークを促すことで、より短期間に効果を引き出そうとする。問題の根がそれほど深くない場合や対話に費やせる時間に限りがある場合は、プロブレム・トークに深入りして気分や意欲の低下を招き最悪の状況で時間切れになってしまうよりも、時間相応の成果を出すことを優先するこのアプローチが実際的で有用な方法だと言える。

かといって、問題の根が深く傷ついた思いが強いときには、ソリューション・トークだけを引き出そうとしても、なかなかそうはなりにくいし、引き出せたとしても表面的なものにとどまりやすい。うわべでは前向きにふるまっていても、本質的な変化は起きていないどころか、口先とは反対の行動が強まってしまうこともある。そうした難しいケースは相当な期間、プロブレム・トークを受け止め続け、ネガティブな感情を十分吐き出したうえでないと、本当の意味でのソリューション・トークにつながりにくいのも否めない事実である。

しかし、そうしたケースでも、ソリューション・トークが増えていくように、映し返しや肯定的反応を行うことは、徒《いたずら》に膠着《こうちゃく》状態を長引かせないためにも重要だと言える。ソリューション・トークが増えてくれば、それをより具体的な計画や実行へと進めていくことで、現実の問題解決へとつなげていくことができる。

とかく問題解決の成否は、実行の段階でうまくいくかどうかにあると思われがちだが、実際につまずいた人の支援をしてみればわかるように、問題解決の多くは行動に移すまでのプロセスにかかっているのである。問題の答えが達成可能なものとして明確になっていれば、後は時間と労力の問題なのである。もちろんケース・バイ・ケースとはいえ、本来の意味での問題解決が行われていれば、実行段階でのつまずきは比較的簡単に乗り越えられることが多い。結局、明確な意思決定が行われているかどうかが解決を大きく左右するのである。

第二章
人を動かすアプローチ

悩みの根底には両価的葛藤がある

人は悩みにとらわれると動けなくなってしまう。どんなに能力や行動力のある人でも、そうなってしまうとお手上げだ。能力も行動力も低下してしまう。なぜなら悩んでいるとき、人はどちらに向かって進んでいけばいいのかという方向感覚を見失っている状態だからである。

悩み迷うとき、こちらに進むべきか、あちらに進むべきかがわからなくなっている。どちらも、それらしくもっともなところがあり、捨てがたいのである。悩みや迷いの根底には、どちらを選ぶべきかというジレンマ（両価的葛藤）が、つきものなのである。この両価的葛藤こそ、悩みの本質とも言えるだろう。深い悩みほど、この葛藤は強まるのである。

両価性とは、反対の気持ちを同時に抱えた心的な状態である。妻（夫）を愛する気持ちと愛人を恋する気持ち、そんな相反する気持ちの間で揺れるのが、人間という矛盾した生き物である。両価性が人生の綾を織りなしていくが、それは苦悩という綾でもある。

人は、あれかこれかいずれの道を選ぶべきか、判然とした結論にたどり着けないときに煩《はん》悶《もん》する。有名なアメリカの小説『風と共に去りぬ』のなかで、ヒロインのスカーレット・オハラは、魅力的で危なっかしいプレイボーイのレット・バトラーか、物静かで誠実な男性アシュレー・ウィルクスのどちらを愛しているか、わからずに悩む。彼女はレットと結婚することを選ぶが、間もなく彼女は自分の選択を後悔する。

なぜ、スカーレットは正しい結論にたどり着けなかったのだろうか。そのわけは、彼女がある点ではレットを愛していたが、同時に別の点ではアシュレーを愛していたからだ。彼女はレットの勇敢さや行動力には魅力を感じたが、レットの傲慢《ごうまん》で自分勝手なところは嫌っていた。その一方で、アシュレーの親切で献身的なところが好きだったが、彼の臆病で女のように弱々しいところは嫌いだった。どちらにも長所と短所があったわけだ。この男を愛すべきか、あの男を愛すべきかというのは、多くの女性にとって重大な問題であるが、これもまた両価的葛藤の一例である。

両価的葛藤はさまざまな状況で見られる。学生がどの進路やキャリアを選択すべきか悩んだり、アルコール依存やパチンコ依存の男性が自分の楽しみを断念すべきかどうかと迷ったり、仕事でなかなか成果が出ない人がやり方を変えるべきかどうか思案したりする。

たいていの人は何らかの両価的葛藤を抱えているために、その人の決断や行動力を鈍らせている。逆に言えば、自分のなかの両価的葛藤を正確に知ることは、より強い決断や行動を生み出すことにつながるのである。

両価性をどれだけ深く理解しているか

対話がしばしば重要な意味をもつのは、人を変化させようと働きかける場面においてである。しかし、いくら口を酸っぱくして助言しても、現状を変えるどころか逆に反発して、状況がより悪化するという場合も少なくない。本人が自信を失い、変わることを諦《あきら》め、あるいは怖がっているという場合もある。

どうすればすっかり自信や意欲を失った人に、変わってみようという気持ちをもてるように働きかけることができるのだろうか。うまく人を動かす働きかけと、反発され意図した方向とは逆の結果になってしまう働きかけの違いは何なのだろうか。

おそらく、人間というものの両価性をどれだけ理解しているかが深く関係している。人を扱うのがうまい人と下手な人にはさまざまな要素が関係しているが、その中でも大切な要素の一つが、人間の両価性をどれくらい知り、扱い方を心得ているかなのである。

人間の心の問題が数学の問題と同じようにいかないのは、数学ではAはAでしかないが、心の問題ではAはAであると同時に一Aであることが普通だということがある。人間の心には、何かをしたいという気持ちとしたくないという気持ちが同居しているし、ある人を好きだという気持ちと嫌いだという気持ちが同居することも珍しくない。変わりたい気持ちと変わりたくない気持ちが同居していることも、自分にできるという気持ちと自分には無理だという気持ちが同居していることも、ごく当たり前なのである。

余談になるが、本章で紹介する両価性を克服するアプローチについて、大学の研究者にレクチャーし、実際に実践的に体験してもらったときのこと、あるインド人の研究者が大変興味を示し、これは仏陀の教えそのものだと感想を語っていたのが印象的だった。東洋的な知恵には、このアンビバレンス（両価性）にたいする深い洞察があるとも言えるだろう。

アンビバレンスがさほど強くなく、どちらかの気持ちが八割九割を占めていれば、人はそれほど迷うことなく決断し、行動することができる。それでも残りの一割二割の気持ちを抑え込みすぎると、ふとした瞬間に思わぬ行動に走って、すべてをひっくり返してしまうことが起きるのが人間なのである。ことに悩んでいる状態というのは、アンビバレンスが非常に強まった状態である。この両価性をうまく扱うことが、人間の心が絡んだ問題、つまり悩みや葛藤を解決し現状を変えていく意志と行動を生み出していくためには必要なのである。

こうした両価性に対処するうえで、対話がもつ対立や葛藤を統合する働きは大いに役立つはずである。ただし、対話は使い方を誤ると対立や葛藤を深めてしまうという側面もある。両価性をうまく扱うためには、どういう対話技術が必要なのだろうか。

動機づけ面接法とは

この両価的葛藤に焦点を当て、両価的葛藤を解決することによって意欲やモチベーションを高めようとする対話技法が、動機づけ面接法（Motivational interviewing）である。動機づけ面接法は、両価的葛藤の解決を助けることによって、その人にかけられたサイドブレーキを外してやろうとする。しかも、それを短期間のうちに成し遂げようとする。

この技法には、人の性格を変えたり、問題への対処スキルを身につけたりすることは短期間ではできないが、その人の変わろうとするモチベーション（動機づけ）は短期間のうちに変化しうるという経験的な知見がある。実際、アルコール依存症の人へのカウンセリングの効果は、最初の期間にもっとも顕著に認められ、長期にわたって多くの回数を重ねてもあまり変わらなかったのである。

この方法は、元々アルコール依存症や薬物依存症の克服を助けるために開発されたものだが、両価的葛藤が強いさまざまな状態に用いることができる。学校や職場に行きたくても行けない状況や、結婚や離婚を決断できずに悩んでいるといった状況、あるいは不本意なことをやるなかで無気力で投げやりになった人を支援する場合にも活用できる。

実際、にっちもさっちもいかない両価的葛藤の状態を解決することができると、無気力になっていた人も意欲的に行動し始め、自己破壊的な行動に耽《ふけ》っていた人も前向きに人生の課題に取り組み始める。進むべき方向がはっきりすれば、人は動き出せるのである。

では、両価的なトラップに陥っている人を、どうやって救い出すことができるのだろうか。

人が変わるために何が必要なのか

頑張ったほうがいいことはわかっているがやる気がしない、嗜癖《しへき》的な行動を止めたほうがいいとわかっているが止められない、異性や友人と親しくなりたいと思うが二の足を踏んでしまうなどなど、変われない状況というのは多くの場合、「～したいが、できない」というジレンマにとらわれている。

つまり、まったく変わろうとする気持ちがないわけではない。変わる必要なんかないと強弁している場合でも、心の奥底では変わりたい気持ちがひそんでいて、それを認めようとしていないだけということも多い。

つまり、変わろうとしないのは、変わりたい気持ちと変わることに抵抗する気持ちとが、すくみ合って身動きが取れなくなっている状況だと言える。こうした状態に陥ると、変われないままに時間だけが無駄に過ぎていってしまう。ときには年単位の時間があっという間に過ぎ去ってしまうこともある。能力や若さも宝の持ち腐れになってしまう。そのとき、その人の動きを縛ってしまっているのが、この両価的葛藤なのである。どちらに動くこともできず、その間、人生は空費されていく。

アルコールや薬物を止められない人、社会に出ていきたいが怖くて動けない人、自分のやりたいことはあるが自信がないので進んでいけない人、何事にも無気力で、本気で取り組めない人、離婚や別れ話を決着させられない人、悪いとわかっていることが断ち切れない人……。こうした人のほとんどは、両価的葛藤にとらわれているがゆえに、はっきりとした決断と意志をもって行動することができないのである。

たとえば、アルコールや薬物、ギャンブル、過食といった嗜癖的行為を止められない人は、自分にとって損失をもたらすのでやめなければならないという気持ちがある一方で、それが与えてくれる快感や満足を求める気持ちを棄て去ることができない。止めたいと思っていても、心のどこかではまたやりたい、多分やるだろう、止めることはできそうもないと思っている。自分の将来の行動は、本人が一番知っているのだ。

前に進んでいくためには、両価的な葛藤を克服しようという気持ちが強まっていくことが必要である。両価的葛藤を決着させ、どんなことがあってもやりきろうという気持ちになったとき、その人は敢然と動き始める。つまり、人が変わるための鍵を握るのは、両価的葛藤をいかに脱するかということなのである。両価的葛藤を解決すると、その人は自然と一つの目的に向かって動き出せるのである。

ただ問題は、この両価性というものが、われわれの日常的な常識とは少し違う挙動をすることである。この点での理解不足が、支援しようとするせっかくの働きかけを、大部分無意味なものか逆効果なものにしてしまっている。

無理やり動かそうとしても逆のことが起きる

両価的葛藤において、人は相反する気持ちを抱えている。その状態は、ちょうど両側からバネで引っ張られているようなものであるから、こちらがいいと思うほうに無理やりプッシュしようとしても、反対側に余計強く引き戻されるだけのことである。両価性を扱う場合には、外力を片方に加えて行動を起こさせようとしても、逆の力が生じてしまい、反対のことが起きかねないのである。こうした逆説的（パラドキシカル）な反応が起きるのが、両価的葛藤の大きな特徴である。

ある行動を止めたいが止められない人に、止めなければならないと無理やり説得しようとしたり、力づくで止めさせようとすると、その人はますますその行動に耽るようになる。こちらの目を盗んででもやるようになったりするのである。やる気のない人に、やる気を出して頑張るように言えば言うほど、ますますやる気がなくなったり、言われたことに反発して、意地でもやらなくなったりしてしまう。

薬物などの依存症の場合でも、絶対やってはいけないという気持ちと、どうなってもいいからやりたいという気持ちが、両価的葛藤を形づくっている。依存を克服するためには、やらないという気持ちが、それに抵抗する気持ちより強くならなければならないことは無論だが、やらないという気持ちしか認めないでいると、心のなかに相反する気持ちが強まってしまっても、それを口に出して言うことができずに自分を保てなくなって再使用にいたるということも起きる。無理に一方の気持ちにさせようと強制しても、逆説的な反応が起きて、反対の方向に行動を強化してしまうのである。

ほかの迷いや悩みにも、この原理は当てはまる。ある目標に向かって進もうか止めておこうかという迷いがあるうちに無理やり行動を起こしても、途中で台無しにしてしまうことになったりする。

たとえば、離婚を考えているが元の生活にも未練があり、身動きが取れなくなっている人に、さっさと別れなさいと言ったところで、その人は元の生活を失うことへの不安や未練がますます強まるだけで、むしろ抵抗するような動きを示すということも起きる。逆に、未練があるのなら元に戻ってやり直しなさいとアドバイスすると、今度は、それも嫌だという気持ちが強まってしまう。

こうした働きかけがたいてい失敗してしまうのは、本人が動けないのは両価的葛藤にとらわれているからだということを見損なっているからであり、また、両価的葛藤の性質を理解しない働きかけを行っているからである。両価的葛藤に陥っている人に、～しなさいとか、～してはダメだと結論をアドバイスしても、それはあまり役に立たない。アドバイスしたのとは反対の結果になってしまうということさえ珍しくない。

では、両価的葛藤を抱えている人に、どのような働きかけを行えばいいのだろうか。

両価性の原理

動機づけ面接法の原理の一つは、両価的な状態においては、一方への働きかけは必ずそれを打ち消すような方向への反作用を生むゆえに、一方に加担してはいけないということである。たとえば、すっかり自分の能力への自信をなくし、学校を休んでいる学生を思い浮かべてみよう。仮にその学生に、学校で勉強するのは学生の義務だから、学校に行くべきだと説得しようとした場合、何が起きるだろうか。恐らくその学生は、授業に出なければならないことは百も承知なはずであるが、それでも出られないのだ。彼は両価的葛藤にとらわれているのである。授業に出るように説得したところで、学生は自分が怠けていると責められているように感じ、ますます落ち込み、意欲をなくしてしまうだろう。このように、一方への働きかけは、正反対な反応を引き起こしてしまうのである。

もっと悪いのは、「行きたくない」と抵抗しているのに、「何を言ってるんだ。勉強するのが当たり前だろう」などと言ってしまうことだ。そんなことを言えば、ますますモチベーションは下がってしまう。抵抗に抵抗することは、ますます事態を悪化させるのである。

中立的で共感的な態度

したがって、両価的な状態を扱う最初の原則は、中立的であるということである。一方の側に肩入れしてはいけない。両価的な気持ちを、そのまま受け止めるのである。肝に銘じておくべきは、判断や決定自体に関与しないということである。決定を行うのは本人である。

だが、それは本人の問題だと突き放すことではない。中立的だが同時に共感的な姿勢が、変化を媒介するうえで非常に重要である。先にも述べたように、どれだけ変化を生み出せるかは、どれだけ聞き手が共感を示すかに、もっとも大きく左右されるのである。しかし、それは中立的な共感でなければならない。その人のことを思うあまり、こちらがベターだと思うほうに加担しすぎてはいけないのだ。

両価的葛藤を扱おうとする場合、こちらがどちらか一方の立場に加担すると、相手は反対の立場に立つようになりやすい。あなたに迎合しようとする人であれば、あなたがどちらの立場に立とうと、あなたに同意するだけだろうが、それはうわべだけのことで、本心では逆の気持ちが強まり、あなたの見えないところで反対のことをしてしまうだろう。一方の主張がなされると、それを反対側から見直すという対話に備わった本性的な働きが作用するのである。

こうした弊害を避けるためには中立的な立場を保ち、どちらか一方の選択や結論に与《くみ》しないことである。そうすることで、逆説的な反応が起きるのを防ぐとともに、本人の主体性によって選択を行わせるという立場を貫くのである。なぜなら、モチベーションというものは、本人が自ら主体的な選択を行ったときに、もっとも強力なものとなるからである。

たとえば、大学には進学したいが勉強にあまり自信がなく、進学するのを迷って勉強にもあまり身が入らない若者に対して、大学に進んで専門的な知識を身につけることがいかに大切かを語ったり、自分のためだからもっと勉強をがんばれと励ますことは、大学に進学することを前提として話をしていることになる。一つの立場に肩入れした働きかけは、あまりモチベーションを高めることにはつながらない。迷っている気持ちに気づいた場合は、大学に進学するという結論ありきで話すのではなく、本人がどういう両価的葛藤を抱えているかを明白にすることが第一歩なのである。

よくある悪いパターン

したがって、中立性や共感性を損なう反応は両価的葛藤を解決するのを助けるどころか、逆に抵抗を強めてしまい、変化へのモチベーションを低下させてしまう。

陥りやすい状況がいくつかあるが、その代表的なものは、相手を責めたり、感情的な言葉を使ったり、相手の人格を否定したり、辱《はずかし》めたりすることである。こちらがどれほど思い入れが強かったとしても、そうした言い方は絶対避けなければならない。両価的な状態の人ほど強い反発を引き起こし、まったく逆効果である。関係自体にも悪影響が大きい。

第二に、理屈や権威や力で説得しようとする、あるいは、こちらの考えや価値観を押しつけようとすることである。これらはいずれも、こちらが正解を知っているという姿勢であり、独善的であると同時に、相手の主体性を蔑《ないがし》ろにするものである。専門家は、しばしばそうした弊に陥りがちである。診断というラベリングを貼ることさえ、そうした危険をもっている。「あなたは、○○障害だから、～である」式の指導は、相手を傷つけ、自信や意欲を低下させかねない。

第三に、悪い情報による先入観がある。面接の直前などに他の職員や家族らから、その人の最近の「悪行」や「悪評」を聞かされると、純粋な気持ちで相手に向かい合うことを邪魔されてしまい、中立性や共感性が損なわれやすい。悪い点ばかり指摘したり、吹き込もうとする傾向のある人と接するときは要注意である。つい影響されて、相手を責めるようなやり取りになりやすい。ピグマリオン効果のところで見たのとは逆に、こちらが相手の「悪」を疑うような姿勢を見せれば、それだけで相手は悪い方向へと変化していくだろう。

どの状況も頻繁に起きるものであり、しかも困ったことに、良かれと思ってそれが行われていることも多いのだが、しばしば意図した結果とは正反対なことが起きてしまうのも、こうした点への認識が、まだ一般にはほとんどないためである。

対決という手法

カウンセリングや対話には対決という手法がある。相手の非を正面から指摘し、それを相手が受け容れ修正しようとするまで、一歩も引かずに対峙《たいじ》し説得するという方法である。行動上の問題が甚だしく、相手を思い通りにしようとしたり際限なく要求をエスカレートさせるような場合や、問題から逃げるばかりで本気で問題に向き合わない場合には、対決という方法をとることが必要な場合もある。

スポーツやビジネスの場にしろ、パーソナリティ障害の人や非行少年と向き合う場にしろ、若くてエネルギーに満ち溢《あふ》れた人を扱う現場では、対決を恐れていては始まらないことも事実だ。相手が泣き出しても許さないくらい厳しい対決が行われる場合もある。わざと相手を蹴落とし、プライドを傷つけ、それで本気を出させるというやり方もある。

ただ、対決というやり方がうまくいくためには、それでも相手が逃げ出さないくらいの絆や縛りが必要である。絆や縛りが弱ければ、たちまち関係が中断してしまうか、すっかり感情的になって期待したのとは逆のことが起きてしまうだけで、あまり良い結果にはならない。信頼関係にひびが入り、関係がぎくしゃくしたまま元に戻らないという場合もある。

対決するときは、相手との関係が破綻《はたん》しないだけの枠組みや信頼関係を作り上げておく必要がある。相手を引き寄せ、共感を与えながら、「ちょっと耳が痛いかもしれないが、きみのために大事なことなので言わせてもらうよ」といった前振りをして、指摘するやり方が望ましいだろう。対決をして相手が潰れてしまったり、恨みを抱いたり、逃げ出してしまったりということで終わる場合は、信頼関係や共感的な配慮の部分が足りなかったということが多い。

両価的な問題が深刻な人ほど対決という手法はうまくいかない。その理由は、対決という方法は、そもそも両価性の原理を無視しているからであり、また対決することが共感性とは、しばしば逆行しやすいためである。

まず両価的葛藤を明確にする

では実際の手順にそって見ていこう。まず最初の課題は、両価的葛藤を明らかにしてありのままに受け止めることである。

しかし最初の段階では、自分が両価的葛藤を抱えていることさえ自覚していないことが多い。変わりたいという気持ちがまだ漠然としていて、非常に弱いという場合も多い。何となくまずいなと思っていても、それがどうまずいのか、まったく自覚していない。両価的葛藤を自覚するところにいたっておらず、問題を向き合うことを避けて、もうどうでもいいやとただ流されている状態である。

こういう場合にはまず、両価的な気持ちを明確な言葉にすることが第一の目標である。「本当は大学に進学したい気持ち」と「自分の志望する大学には無理だという気持ち」がはっきりと語られるだけで、局面が変わってくるのである。

まずは傾聴し、本人の話を中立的かつ共感的に受け止める。第一章で述べたリフレクティブ・リスニングによって、整理を助けていくとよいだろう。

見せかけのジレンマと本当のジレンマ

対話しながら、両価的葛藤の正体を明らかにしていく。この段階でもう一つ注意すべきことは、一見、両価的葛藤と思えることが、本当の両価的葛藤ではないことが少なくないということだ。

たとえば、子どもが学校に行けないという場合、行きたい気持ちと行きたくない気持ちのジレンマを掘り下げていくと、実は、授業中に先生の質問に答えられなくて、みんなから笑われたことがあり、また笑われて傷つきたくない気持ちと、以前の自信を取り戻したい気持ちの間でジレンマが起きていたりする。この場合の真のジレンマは、学校に行く、行かないではなく、行きたいが傷つきたくないというジレンマなのである。行く、行かないのところでいくら働きかけてもあまり有効ではない。もう傷つきたくない気持ちと、またトライして自信を回復したい気持ちのところで、働きかけを行ったほうが成算がある。

したがって、本当の葛藤がどこにあるのかを注意深く探って特定していく必要がある。どうやって特定するのかと言えば、聴くことと ともに質問することによってである。少しでもひっかかることがあった場合には、「それは、どうしてですか？」「それは、どういうことですか？」といった質問をすることで掘り下げていく。ただその場合に、相手を責めるような口調にならないように十分注意し、中立的で共感的な姿勢を維持し続けることがポイントである。

すぐには打ち明けられないという場合もある。その場合は、急ぎすぎず、第一章で述べたような方法で、本人の逡巡《しゅんじゅん》する気持ちと付き合い、本人と他の部分で関心を共有するなかで、信頼関係を深めることに時間を使ったほうがよいだろう。他のことを話しているうちに安心感が生まれると、自分から「実は」と切り出してくることも多い。

人はしばしば自分の葛藤と向き合うのを避けようとするだけでなく、人に自分の葛藤が知られるのを好まず、人からもそれを隠そうとする。しかし、葛藤と向き合わなければ葛藤を克服することはできない。自分の葛藤をありのままに話せるかどうかが、葛藤の克服が可能になるかどうかを大きく左右する。

思春期の子どもや自己開示が苦手なタイプの人は、自分の葛藤を打ち明けることに抵抗が強い。ましてや周囲が感情的になっていたり、責めるような空気があったりすると、余計に本心を打ち明けることに抵抗を示す。

中立的かつ共感的な姿勢に徹して、まずは気持ちや事実をありのままに話してもらうことによって、葛藤の中身を解きほぐしていき、ジレンマの正体を明らかにしていく必要があるのだ。

先ほどの勉強に無気力になった生徒の場合も、大学に行きたいという気持ちと学力が足りないから無理だという気持ちで葛藤しているように見えたのが、話を掘り下げていくと、実は親に経済的負担をかけたくなくて、遠慮する気持ちが、本当は大学に行きたいという気持ちを抑え込んでしまっていたことがわかったりする。こうした思いが勉強しても無駄だという気持ちへとつながっていたのである。

「〜という気持ちと、〜という気持ちの両方があるんですね？」と尋ねながら、「他にはどんな気持ちがありますか？」と尋ねてみるのもいいだろう。両価的といっても、単純に二つの気持ちだけでないことも多い。これらの気持ちを、現状を変えて前進しようとする気持ちと、抵抗しようとする気持ちに分けて整理していくとよいだろう。そしてどの気持ちも、共感的に受け止めることが大事である。そうした作業を進めていくうちに、核となるジレンマが次第に突き止められ、明確になっていく。

「〜という気持ちと〜という気持ちの間で苦しんでいるんですね？」と、両価的な葛藤を整理し、それを共感的に受け止めることが第一歩である。

中立的で、共感的な雰囲気に見守られていると、人は安心して自分のなかの悩みや葛藤を表現できるようになる。口から出てくる言葉は、最初は嘆きであったり、怒りであったり、諦めであったりするだろう。そうした言葉に耳を傾け、要所要所を映し返しながら、気持ちや事実が整理されていくのを助けていく。両方の気持ちを自由に話せることで、それを克服する準備が整うのである。

揺れ動く思いを積極的に認める

両価的な葛藤を克服していくうえで鍵になることは、中立性をさらに一歩推し進めて、両価的な思いの両方をむしろ積極的に認め、受け止めるということである。もっとも悪いパターンは、こちらが好ましいと思う考えや気持ちだけを認め、そうでないほうの考えや気持ちに対しては、否定的な態度をとってしまうことである。まず両価的な思いがあることを、当然なこととして受け容れることが重要なのである。

ひきこもっている人であれば、社会に出たい気持ちと出るのが怖い気持ちの両方があって当然である。出ようとすればするほど、怖い気持ちのほうが強まってしまうことや、その両方の気持ちの間で揺れ動いてしまうことを受け止め、そうした状態について存分に話せるようにすることが大事なのである。

逆に、社会に出ようとする気持ちばかりに肩入れし、出るのが怖くて動きがとれない気持ちを語ることに対して責めるような態度をとったり落胆したりしてしまうと、そうした悪いほうの気持ちを言うことができなくなり、社会に出なければいけないのに出られない自分はダメな人間だという自責の念が強まったり、どこにもはけ口をなくして自分にできないことを求める周囲に怒りをぶつけたりするようになってしまう。

両価的な葛藤があることを、自分が弱くてダメな証拠だと思うのではなく、そうした気持ちがあって当然であり、むしろその両方の気持ちをありのままに受け止め、語れるようになることが、葛藤の克服にもつながるのである。

薬物乱用などの嗜癖的行動が止められない場合にも同じことが言える。たとえ止めようという気持ちをもっていても、止めたい気持ちとやりたい気持ちとの間で両価的に揺れ続けるという事実を認め、そのうえで、その苦しさについて話を聞けるようになることが大事なのである。やりたいという気持ちを話したら、まだそんな気持ちでいるのかと責められたり、見放されてしまうのではないかという不安をもっていると、本当の気持ちが言えなくなり、薬物にしか逃げ場所がなくなってしまう。

こうして葛藤の本体を明確にするとともに、葛藤そのものについて本人自身が語れるようになることが最初の段階のゴールである。ここまでの作業をするだけで変化が生まれ始めるということも、しばしば経験する。

チェインジ・トーク

両価的葛藤が特定され明確になると、次の段階は、それをさらに整理し、深め、変化へとつなげていくプロセスである。

では、どうやって変化を起こすことができるのだろうか。変化を可能にする原理の一つは、矛盾を意識化させると人は変わり始めるということである。矛盾を意識化させるためには、両価的な状態を常に明らかにし、際立たせていくことが重要になる。

変化を導き出すもう一つの原理は、人が変化し始めるときには先立って言葉が変わり始めるということである。つまり、ある人の行動が変化するためには、その人の言葉が変わる必要があるのだ。それは進歩のバロメータでもある。

変わろうとする意思を表明することを、動機づけ面接法では「チェインジ・トーク」と呼ぶ。解決志向アプローチのソリューション・トークが、問題解決を目指す発言だったように、チェインジ・トークは、現状を変えようとする意思表示である。動機づけ面接法では、面接の目的を、チェインジ・トークを増やし、変化への決意を促進することであると明確に定めている。チェインジ・トークを増やすだけでなく、より確かで強力なものにすることが、実際の行動を変化させていくからである。

実際、将来変わっていく人は、チェインジ・トークが増え、揺るぎないものとなっていく。逆に言えば、チェインジ・トークがあまり見られなかったり、曖昧だったり、変わることにむしろ抵抗する気持ちや不安が強い状態の人は、将来においても変わることはあまり期待できない。

無論、チェインジ・トークが見られても、それが本心から出たものではなく、相手の意向に沿うための口先だけのものという場合もある。それでは逆に両価性を強めてしまい、言葉と行動が乖離《かいり》してしまう原因になる。そうしたことが起きないためにも、本人の主体性を尊重し、中立的で共感的な態度をとることが重要なのである。強制してチェインジ・トークを増やしたところで、無意味どころか逆効果になってしまう。

もっとも口先だけの場合には、決意について語ってもらうと、具体的な中身が希薄だったりほどなく両価的な揺り戻しがきたりして、すぐにそれとわかるものである。

チェインジ・トークと一口に言っても、さまざまな段階のものがある。もっとも最初の段階のものは、**①現状のまま変わらないことによるデメリットを認める言葉**である。「おれだって、このままでは良くないことはわかってるよ」「家族のためにも、どうにかしないととは思います」「このままでは大変なことになるかもしれないと、時々不安になります」など。さらに一歩進むと、**②変わったほうがメリットがあることを認める言葉**となる。「そうなったら、そりゃあ、今よりずっと楽になるでしょう」「できるものなら、そうしたほうがいいってことくらいは、私だってわかってる」「きっぱり決着がつけられたら、どんなにいいかと思います」など。もう少し気持ちが進んでくると、変わりたいという気持ちが変わることができるかもしれないという気持ちになり、前向きな見通しをもった言葉が表れるようになる。つまり、**③現状を変えることへの希望的観測や自信を語る言葉**である。「このおれにもできるだろうか」「とにかくチャレンジしてみようと思います」「できるところまで、やってみてもいいかな」など。それはさらに進むと、**④変わることへの明確な決意を表明する言葉**となって表れ始める。「どんなことがあっても、変わるしかないと思っています」「もう同じことを繰り返したくありません」「これ以上家族に心配や迷惑をかけたくありません」など。しかし、この段階ではまだ本物ではない。さらに強力なチェインジ・トークは、**⑤現状を変**

えるための具体的な方法について、知恵を搾《しぼ》る言葉である。「こうやってみようと思うんですが、どうでしょうか?」「もしその方法でうまくいかなかったら、どうしたらいいでしょうか?」「こういう場合に失敗しそうですが、そのときこうしてみたらどうかと思うんです」など。自分で方法を考えたり助言を求めてきたり、不安な点を積極的に相談してきたりするようになる。

本当に変わる人は第五段階まで到達する。しかし、どんな人もいきなり第五段階にたどり着くわけではなく、少しずつ進んでいくのだ。そうした一歩ずつの歩みを助けるために、もっとも重要なのは、相手の主体性を尊重する態度で、共感的に見守るということなのである。

変化を生む基本テクニック

では、実際に両価的葛藤を整理し、チェインジ・トークを引き出し、統合的な変化を引き起こすために有用な技法を見ていこう。

①スケーリング・クエスチョン

その一つは、スケーリング・クエスチョンである。スケーリング・クエスチョンは前章でも出てきたが、自分の心の状態を数値化して答えてもらうものである。たとえば、「学校を辞めたい気持ちは、0から10の数字で表すと、どれくらいですか？」とか、逆に「学校を続けたい気持ちは、0から10のどれくらいですか？」と尋ねるのである。この技法は、解決志向アプローチで使われ始めたものだが、動機づけ面接法でも重要な技法の一つになっている。

スケーリング・クエスチョンの利点は、心的状態という目に見えないものが数値化され、視覚化されることによって、質問する人だけでなく、本人にも、それが客観的なものとして把握されやすくなるということである。また、しばしば変わりたいという気持ちを強化するのにも役立つ。その場合のポイントは、やはり本人の評価を肯定的に受け止めることである。

変わりたい気持ちが2だとか、3だとか答える人も多いだろう。その場合は、半分以下かというように否定的に見ずに、むしろゼロではないことに着目して、そのことについて語ってもらうとよいだろう。**「変わりたい気持ちがゼロではなく3なのは、どうしてかな？」**といった問いかけが、自分のなかの変わりたい気持ちを確認し、それを深化させるのを助ける。

半分を超える数字を言う人は、すでに変わりたい気持ちがかなり高まっていることを表している。そのときは、かなり高いということを評価して、**「そんなに変わりたい気持ちが強**

くあるんですね。そう思うようになったのは、どうしてですか？」と、掘り下げると、さらに変わろうとする気持ちを強めることにつながる。

逆に、0だと言う人もいるかもしれないが、そうした人は、悪ぶることで自分を主張しようとしている。もちろん、それは本心ではないが、それを否定しようとすればするほど、悪いほうに意地を張り続けることになるだけである。むしろ、0だと言って頑張っているのだと、おおらかに受け止め、**「どうしてそんなに変わりたくないんだろう？」**と、その気持ちについて、語ってもらうとよいだろう。そこには、その人のネガティブな体験や、怒りの感情がひそんでいるはずだ。変わりたくない気持ちに耳を傾け共感することが、非常に重要だと言えるだろう。一カ月二カ月と経つうちに、変わりたい気持ちがゼロではなくなり、次第に増えてくるはずだ。

②オープン・クエスチョンを増やす

問題を整理し、主体性を高め、前向きな変化を促すうえで重要な技法は、これまでも見てきたようにオープン・クエスチョンを増やすことである。これは、ごく単純なことに思えるが、非常に大きな効力を発揮する。

オープン・クエスチョンは自由に語ることができるため、両価性を刺激して反対の気持ちを強めてしまうということも起きにくい。自由度が高いオープン・クエスチョンのほうが、チェインジ・トークが見られやすいし、オープン・クエスチョンで語られなければ本物ではないということになる。

オープン・クエスチョンの割合を増やし、自由に語れる雰囲気を作り、相手に主導権を渡すことが、相手の主体性を強化しチェインジ・トークを引き出すことにもつながるのである。

③「したくない」のか「できない」のか

変わりたいが変われないという両価的な葛藤にとらわれているとき、そこには二つの両価的なジレンマがかかわっている。変化が起きるためには両方のジレンマに目を注ぎ、それを解決できるように助ける必要がある。

一つは、変わることの必要性、重要性にかかわる両価的な葛藤である。つまり、自分の人生や価値観にとって変わることが必要なのか、どれだけ重要な意味をもつのかということについての相反する気持ちである。

家族との関係や経済的なことを考えるとパチンコを止めたいが、パチンコを止めることは、大当たりになったときの全身が震えるようなあの快感を味わえなくなる。自分の人生にとって、どちらも手痛い損失であり、どちらも失いたくない。あるいは、若い愛人と一緒になって一からやり直したいが、妻や子どもとともに過ごしてきたこれまでの人生を失いたくない気持ちもあるというケースでは、どちらの選択も、その人の人生において意味や重要性をもつので、どちらも諦めたくないというジレンマに陥っている。

歴史に関心があり、歴史の勉強をしたいという気持ちをもちながら、その一方で、就職のためには、親が言うように経済を専攻したほうがよさそうだということで、経済を専攻したものの、ちっともやる気がわかないという学生の場合には、歴史を学ぶことと経済学を学ぶことが、自分の人生においてもつ意味や重要性の認識において、ジレンマに陥っている。

これらは人生における意味のジレンマ、重要性のジレンマと言えるだろう。

ジレンマにはもう一つある。それは実際に変化を起こそうとしたとき、それが実行可能かどうかということをめぐるジレンマである。パチンコを止めようとしても、結局止められないのではないか。止めたい気持ちはあるが、自分には止めるだけの意志の強さがないと感じている人は、それが自分には実行できないと思い、結局止めることを諦めてしまう。不本意な経済学を専攻してしまったことを後悔する気持ちがあっても、いまさらそれを変更することは現実的に困難だと思い、行動したいが自分には実現困難だというジレンマに陥ることで、身動きが取れなくなってしまう。それが無気力につながる。

こうしたジレンマは、現実に実行できるかどうか、自分にその力や勇気や自信があるかをめぐるジレンマである。これは実行可能性のジレンマであり、自分の能力や自信のジレンマである。いくら自分の人生において、そうすることに意味があり重要だと感じていても、それを実行する能力も自信もないと感じてしまえば、どうせ無理だと思ってしまい行動の変化は起こらず、現状を続けるしかないと考え実際にそうなってしまう。どうせ変われないという状況では、多くの人は変わることの重要性について考えることも避けるようになる。

両価的葛藤を解決するためには、この二つのジレンマ、重要性のジレンマと実行可能性のジレンマの両方を克服する必要がある。

この二つのジレンマの違いに気づかせることも、本人の変化を促すことにつながりやすい。「変わりたいという気持ちがどれくらいありますか？」と問うだけでなく、**「変わることをやり遂げていく自信はどれくらいありますか？」**と問うてみることも必要だし、さらに有用な質問は、**「もし変わる方法があるとしたら、（もし変わることができるとしたら）変わりたい気持ちはどれくらいありますか？」**と尋ねてみることだ。

変わる能力や方法がないから仕方がないと諦めていた人は、この質問によって、本当は変わりたいという気持ちを改めて自覚することが多い。「変われるものなら変わりたい」という言葉が出てくれば、それは大いに脈ありということである。

この二つのジレンマは渾然《こんぜん》一体化していることが多く、実行可能性のジレンマが先に解決することで、重要性のジレンマも解決するという場合がある。実際の対話においては、この二つのジレンマは背中合わせのものであり、同時並行的に扱われることになる。

④変化が起きたと仮定して尋ねる

前項でも少し出てきたが、実行可能性のジレンマを突破するのに非常に効果的な技法が、変化が起きたと仮定して質問するという方法である。これは、前章で述べた解決志向アプローチが得意とするものだが、動機づけ面接法にも採り入れられている。

これは、どうせ無理だ、自分にはできない、という心理的な壁を取り払って、本音を引き出したり自由な発想を生むことにつながる。

「そうなったと仮定して、あなたはそれまでのあなたとどう違っていると思いますか？」

「そうなったと仮定して、あなたは次に何をしますか？」

「仮にそうなったとしたら、あなたと周囲の人との関係は、どんなふうに変わるでしょうか？」

たとえば、アルコール依存症で、家族を困らせてばかりいる男性を例にとろう。問題飲酒を繰り返しているが、飲酒を止める決心がついていない。その場合に、「あなたがお酒を飲まなくなったとしたら、あなたの奥さんとの関係はどう変わると思いますか？」とか、「あなたがお酒を飲まなくなったら、子どもさんは、あなたのことをどう思うでしょうか？」と尋ねるのである。

この質問だけで、飲酒によって妻や子どもをどれほど悲しませ、寂しい思いをさせてきたかを本人に悟らせることもある。

また、

「あなたがお酒をぴったり止めた**と考えてください。周囲の人は、そんなあなたを見て、**（お酒以外の点で）**以前とどこが変わったと思うでしょうか？」**という質問も、自分が変わるためには何が必要なのかを考えさせ、変化への気づきを生む。

もう一例、仕事をする気持ちはあるが、一向に仕事を探そうとしない青年のケースで考えよう。仕事を探さない理由を問うと、自分が本当にやりたい仕事が見つかるまでは、妥協して仕事を始めたくないからだと言う。この場合、「仮に、自分が本当にやりたい仕事が見つかったとしたらどうしますか？」とか、「どんなところで、それが本当に自分のやりたい仕事だとわかると思いますか？」と尋ねてみるのである。そこから、本当にやりたい仕事かどうかはやってみないとわからないことだとか、自分がどういう仕事を求めているのかとか、自分が何をためらっているかのといったことが、もっと掘り下げられ、はっきりしてくるのである。

人を変える危機感

人が本気で変わろうとし、実際に変わるということが起きた場合、そこには強い危機感が働いていることが多い。

家族を顧《かえり》みずに遊蕩《ゆうとう》を重ねていた私の友人は、交通事故で瀕死の体験をしたことがきっかけとなって、生活も生き方も一変させた。今も人助けのために駆け回る生活を送っている。

薬物やアルコール依存の人がそれを断ち切るというときには、強い危機感を抱く体験がきっかけとなることが多い。それを底尽き体験という。

心筋梗塞の発作を起こして、あれほど止められなかったタバコをぴたっと止めたというケースも多い。このままでは死んでしまう、このままでは破滅だという強い危機感は、人の行動を短期間のうちに一変させる力をもつ。先ほどの話で言えば、タバコと健康のどちらを優先するかという重要性のジレンマにおいて、タバコを止めなければ死んでしまうという危機感によって、現状を変えるしかないという方向に一気に決着したと言える。

つまり、重要性のジレンマを抱えている状態においては、変わらねばならないという重要性の認識がまだ弱いということになる。変わりたくないという気持ちを圧倒してしまうほどの思いを味わえば、ジレンマは消滅し、どんなことがあっても変わるしかないという気持ちに変化する。そうなれば自ずと行動も変わる。できるかできないかなどという不安も消し飛んでしまう。やるしかないからだ。

しかし、多くのケースでは、そこまで強い危機感をもつまでには至っていない。それは状況がそれほど悪くないという意味ではない。明らかに、このままでは破滅にいたるという状況にあっても、そのことから目をそむけているため、危機感が生まれてこないのだ。つまり、重要性のジレンマを決着させるということは、重要性の認識を高め、強い危機感を生み出すということでもある。

⑤矛盾を拡大するテクニック

重要性のジレンマ、つまり、自分の人生において、変わることと変わらないことがそれぞれもつ重要性の間で、自分が引き裂かれているという状況を、どうやって解決していけばよいのだろうか。

それは結局、自分の人生において何がもっとも重要かという価値観の問題に行きつく。本当は何を望んでいるのか。自分の人生で一番大切なことは何か。そのことが、さまざまな経緯や周囲への気遣いや思い込みのなかで曖昧にされ、雲がかかって覆い隠された状態になっている。そのため、自分が一番大切にしていることや価値を置いていることが、自分自身でもわからなくなり、見失ってしまっているということが多い。その結果、何が最優先なのかがはっきりしないことが、にっちもさっちもいかないジレンマを生んでいる。

つまり、重要性のジレンマを解決するために必要なことは、自分にとって何がもっとも最優先か、何が一番大切かを明確にしていくことである。明確にすることで、現実の選択と自分が求めているものの矛盾に気づき、その矛盾を解消しようというモチベーションが生まれるのである。というのも、人の心は自分の求めているものと、自分が現実に進んでいる方向との矛盾に気づくと、それを修正しようとする性質をもっているからだ。この修正が短期間で急激に起きる人もいれば、ごくゆっくりとしか起きない人もいるが、人間の行動は矛盾を自覚することによって、自覚する前と同じではいられなくなり、変化を起こし始めるのである。

矛盾を自覚するためには、矛盾の存在に気づかなければならないが、現状に慣れきっている人は自分のなかの矛盾に気づきにくいものだ。そこで、気づきやすくするために用いられる方法が、矛盾を拡大するテクニックである。このテクニックは相手の選択をどんどん推し進めていくとどうなるかを呈示するとともに、「それをあなたは求めているのですね」と問いかけるものである。こうして曖昧にしか向かい合ってこなかった現実と、その人が本当に求めているものとのギャップを突きつけ、その矛盾に気づかせるわけである。

そのための具体的な方法をいくつか紹介しておこう。

(1)メリットとデメリットを尋ねる

両価的な葛藤にとらわれ動けなくなっている人は、現状の不利益には目をつぶり、利益だけを過大評価する一方で、現状に変更を加えたときのことについては、不利益だけを過大評価して利益は見えていないということが多い。報酬予測がすっかり狂っているのである。そうしたデタラメな予測がまかり通るのも、現状に向かい合わず客観的に考えることを避けることで、自分をごまかしているからである。目の前の快楽を失うことの恐れや安心の拠《よ》りどころを失う不安が過大視され、冷静な評価から目をそむけることになっている。

この状況を脱するには、現状を維持し続けることがどれくらいの利益と損失をもたらし、変化することがどれくらいの利益と損失をもたらすかを検討してみることが有効である。

現状を続ける利点からまず聞いてみるとよいだろう。そして、現状を続けることで失われるもの、こうむることになる不利益について尋ねる。変化することによる損失と利益についても尋ねる。損益対照表を作ってもよい。二つの選択の間でジレンマに陥っているのであれば、一つの選択ともう一つの選択をそれぞれ実行した場合、今すぐから十年後、二十年後という将来まで考えて、得られるものと失うものをできる限り具体的に考えてみる。

現状を続けることで得られる利益や、現状を変えることによってこうむる損失が意外に大したものではなく、それに比べて現状を続けることによる損失と、現状を変えることによる利益がはるかに大きいことに気づくだろう。自分が思い込もうとしてきたことが、実はごまかしだったことを悟り、片方への未練が薄れていき、両価的葛藤から脱却することにつながる。

こうした作業は、ちょうど証明問題の補助線のようなもので、補助線が引かれることによって、今まで見えなったものがはっきりと見えるようになるのである。

(2)最悪の事態について話す

デメリットをさらに強く実感してもらう方法として、予想される最悪の事態について話をするという技法がある。これも実際によく使われるものだ。

このままの状況が続いていくと起こりうる最悪の事態について、こちらが話すというよりも、本人に推測して話してもらうのである。

できるだけ具体的に、家庭や家族との関係で起きること、家族の身の上に起きること、経済的な損失、職業上のトラブル、健康上の問題や寿命への影響、老後はどうなるか、どんな亡くなり方をするか、最期のとき自分の人生に納得できるかといったことについて話してもらう。

なかなか想像が進まない場合は、最悪の事態になったケースについて、**「あくまで一般的な話で、〇〇さんに同じことが起きるかどうかはわかりませんが、〜という事態にいたってしまったケースもあります」**と、悲惨な状況について話すという方法もある。

変わりたい気持ちがある程度強まってきているときにこの方法を使うと、一気に変わろうとする方向に気持ちが強まっていく場合もある。

ただし、この方法はうつ状態が強い人や自殺企図の危険がある人には使わないほうがいい。いっそう暗い気分になったり、そんなひどいことになる前に死んでしまおうと短絡的な逃避行動を誘発する危険があるからだ。

(3)人生が順調だった頃のことを聞く

逆の角度からのアプローチもある。人生が一番うまくいっていた頃のことについて話してもらう方法だ。当時の楽しかった思い出を話してもらうとともに、なぜうまくいっていたのか、なにが今と違うのかについても話してもらうとよい。そこから、自分が失ったものやなぜそうなったのかについて改めて向き合うとともに、うまくいっていた頃の自分を取り戻したいという気持ちがわいてくる場合もある。

しかし話の展開を間違えると、自分がダメだからすべてを失ってしまった、もう取り戻しようがないという絶望感を強めてしまう場合があるから注意が必要である。

失ってしまって取り戻しようがないという方向ではなく、やり方次第でうまくやりこなしたり、幸福に毎日を過ごしたりすることもできるのですね、というメッセージを伝えるようにすることだ。

「〇〇さんには、そんなふうに見事にやりこなす力が元々備わっているのですね」

「〇〇さんも、その気になれば（条件が整えば）、そんなふうに力を発揮できるのですね（安定した日々を過ごせるのですね）」

「その頃と今とでは、何が違っているんでしょう？」

「その頃の〇〇さんを取り戻すには、どうすればいいんでしょう？」

そうした質問に答えてもらうことで、チェインジ・トークを引き出していく。

(4) 自分がどうなりたいかを尋ねる

先にも述べたように、人が変わろうとするのを助ける有効な方法は、自分の価値観と現実との違いを意識化することによって、自己矛盾に気づかせることである。こうした自己矛盾は認知的不調和と呼ばれたりもするが、人はそうした不調和を居心地悪く感じ、やがて解消しようとする行動を起こす。そのためには、自分が何を求めているかということが明確になっている必要がある。

結局、両価的葛藤は自分の気持ちを見失うことによって起きているとも言える。自分が人生において何を大切にするのかが曖昧になり、進むべき道を見失っているのである。自分がどうなりたいのかがはっきりとしてくれば、自分が選ぶべき選択肢も自ずと決まってくる。

それゆえ時折、自分がどうなりたいのか、どういうことをしたいのかについて繰り返し尋ねてみることが、おおいに助けとなる。

聞く時期が違うと質問への答えも変化してくる。すっかり迷い道に入ってしまっているときには、その答えは「わからない」「どうでもいい」だったり、あるいは「死にたい」かもしれない。そういうときは、現実にとらわれずにもっと気楽な気持ちで考えるように促してもいいだろう。それでも、「なりたいものはない」という答えに終始するかもしれないが、現実離れした夢が返ってきたり、真面目な願望が語られるかもしれない。どれもとても貴重な言葉であり、大切に受け止める必要がある。それを少しずつ丁寧に深めていくのもよいだろう。

元気や意欲が回復するにつれて、質問の答えも前向きで建設的なものに変わっていく。さらに回復が進むと、具体的で現実的な地に足のついたものに変わっていく。自分がどうなりたいかを語ることと、ジレンマにとらわれて進めなくなっている自分を自覚することとの間で交互作用が起き、両者のギャップが次第に縮まっていくという現象が起きるのである。ある日その人の口から、自分の決意や計画が語られるということもある。あるいは突然、今まで想像もできなかった行動を起こしたとの報告がもたらされるかもしれない。

(5)大切にしていることや一番嫌っていることを聞く

自己矛盾を意識化するもう一つの方法として、その人が最優先するものは何か、その人がもっとも価値を置くことは何かを明らかにするアプローチがある。それが明らかになることによって、現状とのギャップが強く意識されるようになることは、しばしばである。

わざと現実逃避的なことばかりを言う場合もあるが、それもしっかり受け止めるとよい。自分を悪く語り続けているうちに、それが本当の自分ではなく、悪いほうに無理をしていたということを自覚するようになることもしばしばである。その自覚に至るためにも、悪い自分を語り、受け止めることはとても有用なことなのだ。逆に一番嫌だと思うことを尋ねるのも、しばしば役立つ。

具体的には、**「あなたが人生で大切にしていることは何ですか?」**と尋ねてみる。あるいは逆に、**「あなたが一番自分の人生でしたくないと思っていることは何ですか?」**と、質問するのもよい。

薬物依存のケースでも、「〇〇さんにとって、一番大切なものは何ですか?」と尋ねると、「家族です」という答えが返ってくることがある。しかしそう答えた瞬間に、自分が家族を苦しめているという現実とのギャップを味わうことになる。そこから、その気持ちを深めてチェインジ・トークへとつなげていくことができるし、実際そうしたことが起きる。

「お金です」や「仕事です」という答えが返ってくる場合もあるだろうが、なぜそれが大切なのか、その人のなかにある価値観をさらに探っていくことによって、そうした価値観をもつようになった経緯や生活歴が浮かび上がり、もっと根底にある本当の価値観が表れてくる。そこまで掘り下げると、自分が求めていることとちぐはぐなことをしているということが、明らかになってくることもある。

反対に、**「〇〇さんが嫌っていることや許せないことは何ですか?」**と問いかけられて、「弱いものいじめです」とか「人に迷惑をかけることです」といった答えが返ってくることも多い。だが不思議なことに、たいてい返ってくる答えは、自分がまさに踏みにじっているものである場合が多い。力を込めてそう答えた後ではっとする人もいる。自分が一番嫌っていることを、自分がやってしまっていることに気づいたのである。

素直に自分の大切にしていることや最優先したいことについて語る場合は、すでに変わり始めているということであり、大変よい兆候である。その場合は、その人の大切にしていることと現状とのギャップをありのままに映し返せばよい。

「現状は～かもしれませんが、〇〇さんが一番大切にしているのは～ということなんですね」

ここで非難する調子になってはいけない。むしろ共感的にそのギャップを受け止める。

そしてさらに、**「～を大切にしている〇〇さんが、現状としては～なのはどうしてでしょうか？」**と尋ねるのである。そこから、自分に向き合った言葉が出てくるはずである。自然にチェインジ・トークへとつながっていくことも多い。自分を責める気持ちや周囲に対して申し訳ないという気持ちが噴出する場合もある。その気持ちを受け止め、場合によってはチェインジ・トークを引き出す問いかけを行ってもいいだろう。

「〇〇さんに、いまできることは何でしょうか？」

「〇〇さんは、これからどうしていきたいですか？」

そこから語りだされる思いを受け止めていくと、自然と強力なチェインジ・トークになっていくだろう。

抵抗と上手に付き合う

もちろん悩みや迷いが深いほど、すんなりと決着がつくものではない。前向きになったりまた後退したりと揺れ動くのが普通だ。それに寄り添いつつ、根気よく変化する気持ちを引き出し、強化していくことになる。抵抗する気持ちと付き合う気持ちで、徐々に不安や未練や弱気を取り去っていく必要がある。抵抗と上手に付き合ううえで重要な技法を述べておこう。

①抵抗には抵抗しない

両価的葛藤にとらわれた状態の人は、当然、変わることに対してさまざまな抵抗をしてくる。そのときの大原則は、「抵抗には抵抗しない」ということである。こちらが抵抗して無理強いしようとすれば、両価性の原理で余計に抵抗を強め、反対の方向に動かしてしまうことになる。では、どうすればよいのだろうか。

②抵抗する気持ちを映し返す

まずは、相手の気持ちをそのまま受け止めるということである。抵抗する気持ちを映し返すというのが基本である。その際、その気持ちを少し極端に映し返す場合もある。

「まだ気持ちがそこまで固まっていないし、やったところでどうせ無理かなと思う」と、迷っている若者に対して、

「決心も自信もないので、もう諦めるということですね？」と、あいまいな言い方を明確な表現に言い換えるのである。

それに対して、「いや、諦めるというわけではないけど……」という反応が返ってくれば、「諦めたわけではない？　では、どういう気持ちなんですか？」と一歩詰め寄り、本人の言葉を引き出す。それがチェインジ・トークにつながることもあるからだ。

相手が両方の気持ちを言う場合には、両方の気持ちを映し返すことが大事である。両価的な葛藤が強いケースでは、こちらの期待するほうだけを映し返すと、誘導されたという気持ちをもち、そのときは、こちらのペースに呑まれて合わせていても、少し時間が経つと逆の気持ちが強まってくるということになりかねない。迷っている両方の気持ちを映し返したほうが、無理強いしようとしているのではないという安心感が生まれるとともに、自分のなか

ありのままに受の矛盾した気持ちと向かい合える。それが変化を引き起こす原動力となる。ありのままに受け止めたほうが、むしろ変わろうとする力を生むのである。

③リフレーミングする

もう一つ重要でしばしば使われる技法は、状況を違う視点から見直し、思い込みに気づかせる方法で、枠（フレーム）をもう一度作るという意味から「リフレーミング」と呼ばれる。リフレーミングによって、その人が良いと思っていたことが実は悪いことだと気づかせたり、悪いと思っていたことが良いことだと気づかせたりすることができる。その人の思い込みを崩したり逆転してしまうのに使われる。

簡単な例で言えば、ある人が名水と言われている湧水を毎日飲んでいるとしよう。ところが、誰かが、その井戸水にはピロリ菌がいて、飲むと胃がんになる危険が増すという話をしたとしよう。その人は湧水を飲み続けるだろうか。おそらくその習慣を止めてしまうだろう。なぜなら、その人が良いと思って信じていたことが、実は悪いことだとわかったからである。これがリフレーミングである。判断の基準や物事の見方をひっくり返す操作だとも言える。

変わりたくないという思いの背後には、しばしば何らかの思い込みがあるものである。その思い込みに対して、それは出鱈目《でたらめ》だ、まったく逆だということに気づかせるのである。

もう少し複雑なリフレーミング操作では、物事の別の面に光を当て、まったく違った意味があることに気づかせる。両価的感情がある場合には、正反対の感情にスポットライトを当てる場合もある。

たとえば、虐待をしてしまう母親の例で考えてみよう。一つの見方は、虐待は子どもを傷つける悪いことであるという視点である。多くの人は、その視点から事態を見てしまいがちである。その結果、周囲も母親自身も自分を責めてしまう。しかし、それでは母親はますます追い詰められ、虐待の改善にもつながらない。むしろ視点を変えて、子どもに対してそれだけ一生懸命な気持ちがあるから虐待という行動にもつながってしまうのだと、母親の良い面にも光を当てる。そのことで母親は自分の気持ちを汲み取ってもらえたと感じ、ありのままの自分を出しやすくなる。

「お母さんは子どもさんをきちんと育てようと思って必死なんですね。真面目で手が抜けないお母さんが、つい子どもに厳しくなりすぎることは、よくあることなんですよ」

別の視点を提示し、さらに、それが特別なことではなく誰にでもあることだという言い方をすることで、リフレーミングを受け容れやすくする。

相手の思い込みを真っ向から否定しようとすると、かえって抵抗が起きてしまう。両価性に配慮しながら自分の思い違いに気づかせるというもっていき方をする必要がある。

「もしかして〇〇さんは、～だと思っていませんか？　ああ、やっぱり。真面目な方ほどそう思ってしまうんです」

というような言い方も効果的である。

「ご存知かどうかわかりませんが、実は～ですよ。みなさんそれでよく失敗するんです」

「～のように思えますよね？　でも、そこに落とし穴があるんです。実は～なんですよ」

④本人の主体性と責任を強調する

両価的葛藤にとらわれている人は、すぐに悲観的な結論を下してしまいがちである。「何も変わらない」と言ったり、「どうせ無理だと思う」といった言い方をよくする。そこには、変わろうとしない自分に対する苛立《いらだ》ちを、うまく自分を変えてくれない相手に対する不満として責任転嫁している面もある。

そうした場合に、変わらないのは支え方が悪いからだという論法に応じてしまうと、変化を支える構造自体が行き詰まってしまう。

こうした反応が見られたときは、**「変わるのは〇〇さん自身ですよ。誰も〇〇さんを変えることはできませんよ」**と押さえたうえで、**「〇〇さんは、変わりたいと思っているのですか？」**と尋ねて、本人の主体性と責任によってしか、人は変われないということを思い出させる必要がある。

⑤結果をあせりすぎていることを指摘する

同じ状況でも、自分の責任を忘れているわけではないが、成果がすぐに出ることを期待しすぎて、「何も変わっていない」とか「この先も変わりそうにない」などと急いだ結論を出している場合がある。そうした場合には、あせりや疲れを指摘し、物事を達成するには小さなステップを積み上げていく必要があることを伝える。

「少し先走りしていますね。それは今話すべき課題ではありません。大きな目標を達成するには、小さなステップを一つずつ進んでいく必要があるんです。時には休むことも大事です。一度に到達しようとしたら、誰だって無理だと思ってしまいますよ」

「目標をすぐに達成しようとあせっていませんか？　大きな変化を成し遂げるには、小さな

変化が大切なんです。小さな変化に気づけないと何も変わっていないと感じてしまいます。でも、小さな変化に気づけるようになると大きな変化が起きていくんです。小さな変化に注意を払ってください」

そして、小さな変化でいいから、何か自分で気づいたことはないかを尋ねる。それでも何もないと答えれば、こちらから小さな変化を指摘してもいいだろう。

小さな変化を強化する

以上に述べてきたような方法は、すべて主体的なチェインジ・トークを引き出すための仕掛けだと言える。そして、少しでも前向きなチェインジ・トークが見られたら、それを見逃すことなく受け止め、映し返し、深めていく。

肯定的に評価をすることも重要であるがそれだけで満足せずに、さらに強化していく。

その場合に、有用なのは次のような質問である。

「どうして、そんなふうに思ったのですか？」

「そんなふうに変われたのは、どうしてですか？」

また、その人の価値観と絡めて話してもらうことも強化につながる。

「それは、〇〇さんが大切にしていることと関係がありそうですね。それは、どういうふうにでしょうか？」

その人を取り巻く人間関係と絡めて話してもらうことも、深めることにつながりやすい。

「そう思うようになったのは、〇〇さんのご家族（親、パートナー、子ども）とも関係がありますか？　それは、どういうことでしょう？」

反応のいいチェインジ・トークが見られるようなら、さらに具体的な行動や計画につなげていく問いかけをする。

「そのためには、〇〇さんにはどんなことができるでしょうか？」

「今すぐでなくても結構です。そのために〇〇さんにできることはどんなことでしょう？」

「今すぐ〇〇さんにできることはどんなことでしょう？」

具体的な計画や行動への意志が語られれば、それはもっとも強力なチェインジ・トークであり、本気で変わろうとする思いが強まっていることを示している。

自己効力感を高める

両価的葛藤のもう一つの側面は、そうしたくても、どうせ自分にはできないという実行可能性をめぐるジレンマにとらわれているということである。困難を打ち破ってそれをやり抜こうという気持ちに変化するためには、自分にもできるかもしれないという気持ちをもてるようになることが必要である。それは自信であり、自分の能力や精神力に対する信頼であり、自己効力感と呼ばれる。

自己効力感を高めるために有効な働きかけは、本人の良い点や改善点を肯定的に評価することである。両価的な葛藤を抱えた人ほど、否定的な批判をするとどんどん頑固で反抗的になり、問題をエスカレートさせやすいが、逆に良い点に目を向け肯定的に接するように心がけると、どんどん良い方に変わっていく。

この方法については、後の章で述べる自己否定を克服するアプローチを参考にしてほしい。

さらに、現実の場で評価される体験をすることが、自己効力感をより確かなものにしていく。最初は小さなステップから始めて、小さな進歩を肯定的に評価していくと、いつのまにか思いもかけないような大きな成長を成し遂げることにつながる。

言葉が変わると人は変わる

言葉なんて所詮口先のことで、腹のなかはまた違うし、言葉で何を言おうが何かを変えることなどないと思っている人がいるかもしれない。実際、人間のもっとも重要な情報は、言葉よりも非言語的なプロセスによって伝達されており、人間の言葉は微妙なニュアンスを伝達するにはおよそ未発達で、情報量が小さすぎると考える人もいる。メールによる伝達において、さまざまな誤解や感情的なトラブルが起こりやすいのは、そのためだ。

しかし、そんな未熟で乏しい情報量による伝達手段でしかない言葉が、非常に大きな力を発揮することも否定できない。言葉を介することで、人は大きな影響力を及ぼし合っている。対話することによって人が別人のように変わりうるのも、そこから創造的な可能性が生まれるのも、言葉の力による。

実際に私は多くの人が変わる瞬間に立ち会ってきたが、すべてのケースに共通するのは、言葉が変わるということである。自分が変わるということをはっきり口にするようになる。変われない人の言葉は曖昧で進むべき方向を失っている。言葉で何を言っても仕方がないという態度も、自分と向かい合っていない人に多いものだ。いつもごまかして生きてきていたので、言葉はウソを吐く道具くらいにしか思っていないという場合もある。

しかし、そうだった人も、変わり始めると言葉が変化する。言葉が厳しさと力をもつようになり、過去の不満ではなく、未来をどうするかを真剣に語り始める。人が変わったから言葉が変わると同時に、変わる言葉がさらに人を変えていくのである。

不思議なことだが、その人が自分で考え口にしているように人生はなっていくものである。アルコール依存症や薬物依存症の患者を対象にした研究によると、その人が回復するかどうかは、自分に回復する見込みがどの程度あると思うかという質問に対する本人自身の答えがほぼ正確に予測していたという。実際、変わろうという決意をはっきりと口にしていない人が変わることは極めて稀《まれ》なのである。

言葉を行動につなげる作業

言葉が変わり始め、チェインジ・トークが増え、それがより強力なものになってくると、行動したいという意欲が高まってくる。しかし同時に、失敗するのではないか、自分には無理なのではないかという両価的な不安も引きずっている。そのため口ではいろいろ計画を話すが、実際には何一つ実行に移されないということも起きてくる。現状を変えて動き出したい気持ちはあるが、それを現実に実行することに大きな躊躇《ちゅうちょ》や怖れ、気の重さがあるのだ。

そして、もっと安易なことに逃避してしまう。

そこを突破して実行してみたものの、現実の厳しさを思い知らされ、決意した計画を簡単に放棄してしまうということもありうる。せっかくの変化が実効性のある行動につながるかどうか、それを左右する大事な正念場に来ていると言える。もっとも難しい段階は乗り越えているというのに、ここで挫折してしまうのはとても惜しい。

まだ動けない場合は、両価性が十分に克服されていないのかもしれない。動けないことを責めるのではなく、動けない気持ちを受け止め、掘り下げるとともに、具体的な行動計画についてもう一度尋ね、その計画において実行しにくい点があるとしたらどういうところかを尋ね、さらに練り直していく。実は計画自体がやや高望みなもので、実行する自信がなかったのかもしれない。その場合は、もう少し実行しやすいものに計画を変更することで、行動が生じやすくなる。

実行しようとしてつまずいてしまったという場合には、それによって受けたダメージの大きさを見極める必要がある。かなり無理をして心理的にも深く傷つき、ダメージが相当あると判断された場合には、無理を押して頑張ったことを評価し、ボクサーが一試合終えた後のようなものだから少し休養する必要があると、のんびりするように伝える。しかし、ダメージが比較的軽くて意欲が残っている場合や、逆に諦めが早すぎるという場合には、少しだけ目標を変えて間髪いれずに再チャレンジすることを提案する。

具体的な行動計画を立てる

もっとも強力なチェインジ・トークが具体的な行動計画であるように、本気で現状を変えようと思い始めた人は本当に役立つ方法を知ろうとし、実際に通用する行動計画を立てようとする。一人でその作業を行うことはかなり困難で、相談しながら行うことではるかに実行しやすくなり、また、さまざまな角度から検討した、より精緻《せいち》で実効性の高いものを作ることができるだろう。

役立つ情報を提供し、それに基づいて目的を実現するため、どうするのが一番いいのか、どこに落とし穴があるのか、それを防ぐにはどうすればいいのか、一つひとつこういう事態が生じたときにはどうするかという形で、あらかじめ考える作業を積み重ねていく。

肩を押すタイミング

チェインジ・トークが増えてくると、行動にも変化が表れてくる。ただ重要なことは、いい兆候が見られても現実の行動をせかさないことだ。肩を押すタイミングが早すぎると、それまでの働きかけが水泡に帰してしまいかねない。自分から決意を述べたり具体的に計画を語り始め、それが明確になってくるまで、こちらから催促するようなことはしないほうがよい。

何もしなくても自分から動き出すことも多いが、肩を押してほしいという気持ちを見せることもある。自分はチャレンジしても大丈夫なのか、最後の心理的な壁が立ちはだかるのだ。そのときは、そっと肩を押せばいい。「思い切ってやってみたら」「気楽に挑戦してみなさい」「やれるところまでやったらいい」と、チャレンジの時が来たことを告げるとともに、失敗しても大丈夫だと安心を保障する。

ただ両価的な揺れ動きというものは、完全に卒業するものというより絶えず心のなかにあるものと考えたほうがよい。すっかり前向きになったからと言って、両価的な葛藤を卒業できたように勘違いしてしまうと、少し疲れたときに弱気な気持ちを言ったことに対して、それを「後退」とみなした接し方をしてしまい、本人の逃げ場を奪うことになってしまう。

前向きに変わっていこうという気持ちが表れても、最初のうちはまだひ弱な段階にある。それをしっかりと育てていくことが必要である。変わろうとする気持ちを強化し、定着させていくプロセスに根気強く付き合うことが大切である。

第四章
受け止め方を変えるアプローチ

ベックの発見がもたらした方法

悩みや困難といった人生の問題に対するアプローチの仕方は一つではない。第二章では、ゴールを明確化し、ゴールから解決を考えるアプローチについて、どういう対話が迅速な問題解決に有用であるかを見た。また第三章では、悩みや困難の根底にある両価的葛藤を解決することで、それを乗り越えようとする対話の方法を学んだ。

悩みや困難を克服するうえで、もう一つ有用な対話の方法がある。それは、これまで述べてきた対話とは少々原理を異《こと》にしているものである。

アメリカのアーロン・ベック（一九二一〜）という精神科医は、当時隆盛だった精神分析のトレーニングを修了した後、うつ病患者の分析治療に取り組んでいた。うつ病は、幼い頃の外傷的体験に由来しているに違いないと考えて、そうした体験を話してもらう治療を行っていた。しかし、時間がかかる割にその効果ははかばかしくなく、ベックは、フロイトの方法が本当に人々を苦悩から救い出す最良の方法なのか、疑問をもつようになった。

第二章で述べたように、原因を追究し始めるとたいていの人は憂鬱で元気がなくなり、憎しみや恨みといったネガティブな感情が強まりやすい。一時的に悪化することも珍しくない。ただ誤解してはいけないのは、そうした試みが無意味だとか、効果がないというわけではない。外傷の要素が大きいケースでは有効な場合もあるし、短期的な効果と長期的な効果は必ずしも一致しないということもある。長期にわたって原因と向き合う作業に耐えられることが必要だが、根本的な回復を遂げるケースもある。しかし短期的に効果を得ようとするのなら、そうした方法は向かないのだ。

うつ病の人の話を聴きながら、ベックは気づいたことがあった。彼らが実際以上に物事を悲観的に考えていることである。自分のことを悲観的に考えているだけでなく、世界や未来に対する考えも悲観的に歪められていた。ベックは、この過度に悲観的な考え方が、そもそも彼らを苦しめている原因ではないのかと思うようになった。そうした悲観的な考えが本当に根拠のある現実的なものか、ベックは患者と一つひとつ検討してみたのである。そうすると、患者は自分の考えが事実に反していることを認めざるを得なくなり、過度に悪いほうに思い込んでいたことを自覚するようになった。すると、うつ病の症状にも改善が見られたのである。

さらなる研究の結果、これらの対処法が人間の苦悩や不適応だけでなく、さまざまな障害や悩みを改善することにも効果があることがわかってきた。この方法は認知療法として今日では広く普及し、さまざまな場面で使われるようになっている。本章では、ベックから始まる認知とその修正をめざす対話の方法について考えてみたいと思う。

偏った認知の背後にあるもの

認知能力をもつ生命体は、刺激⇓認知⇓反応（感情、行動）というシステムを進化させてきた。適応的な反応ができるかどうかは、認知的処理にかかっているということになる。認知に歪みがあると、適応に都合の良い感情的、行動的反応よりも、適応を阻害する反応が多くなってしまう。その結果、適応に支障が生じるが、その原因となる認知的処理の問題は、本人に自覚されていない。無自覚的に、つまり自動的に行われているからである。自動的に行われる認知的処理は、「自動思考」とも呼ばれる。

認知療法での対話の目的は、この無自覚的なプロセスの歪みを自覚し、自動思考をより適応的なものに修正することである。

さらにベックは、偏った認知の背後には偏った信念があることを指摘している。たとえば、過度に悲観的に物事を受け取ってしまうという認知の偏りをもつ人は、「自分は無能な存在で、自分のやることはすべてうまくいかない」という誤った結論が心のなかでできあがってしまっていたりする。そのために、認知もその方向に歪められてしまう。たとえ、良い成果をおさめたことがあっても、そのことは無視され、失敗したことだけを重大視する。

　認知を修正しようとするとき、ただ表面に表れる認知の偏りだけを修正しようとしてもなかなかうまくいかない。根本にある間違った信念を修正するように働きかけないと、本当の変化が生まれないことも多い。信念の偏りが強いケースほど、そうである。

　先ほどの例とは逆に、「自分は特別に優れているので、他人が自分のために犠牲になるのは当然のことだ」という信念をもち、何事も自分に都合よく受け止め、他人を平気で利用する人もいる。

　また、対人不信が強く、「どうせ人は自分のことしか考えていないから、人に相談しても無駄だ」とか「人は他人のことを馬鹿にしたいので、弱みを見せたら笑われるだけだ」といった信念を抱き、認知も行動も、その信念によって歪められている場合もある。

　人によってそれぞれ異なる信念をもっていて、それに合わせて認知や行動の仕方も違いが出てくる。信念は長い年月のなかで形成されたものなので、非常に強固でそう簡単には変わらないが、根気よく働きかけることで、変化しうることもわかっている。

認知を修正しようとすると強い抵抗にあう

偏った認知や、さらにその背後にある偏った信念を修正しようとするとき直面することになる難しさは、偏った思考によって偏った思考を修正しなければならないことに由来する。自分の偏りは気づきにくく、修正はさらに難しい。ちょうど太陽が動いていると信じている人に、地球のほうが動いているのだとわからせようとしたコペルニクスのようなものである。説得の仕方を間違うと、怒りを買って火あぶりにされた地動説論者の二の舞にもなりかねない。

認知療法という特別なセッティングのなかであれば、その人はある程度モチベーションをもち、心の準備ができているため抵抗は少ないが、通常の対話に近いやり取りのなかで認知の歪みを指摘し、それを修正しようとすると、強い抵抗にあいやすい。

認知の歪みが強い人ほど、指摘されても問題は周囲にあって自分にはないと言い続け、聞く耳をもたない。しかし、根気強くやり取りを続けることで、心の壁に小さな穴が穿《うが》たれると、そこから抵抗が崩れ始める。そして、いったん認識が変わり始めると、自分に外から降りかかってくると思われていたトラブルが、実は自分のなかの偏りに原因があったのだと気づき始める。もっと人生を楽に、豊かに過ごせる受け止め方を学ぶとともに、根底にある信念も少しずつ変化を始める。

ただ、どうやってそのことに気づかせ、受け容れやすくしていくか。そのためには、それなりの対話の技術が必要なのである。そうした技法をいったん身につけると、通常の対話のなかでも応用できる。

プライミング操作は修正を容易にする

塗料の下塗りをすることをプライミングという。下塗りをしておくと塗料のつきがよくなるように、あらかじめ下ごしらえをしておくことで、後の操作がより効果的になるということはさまざまな現象で見られ、プライミング効果と呼ばれる。

認知の修正をはかる場合に限らず、何か問題点を指摘したり、説得を試みたりするときにプライミング操作を行うと、抵抗を大幅に減らすことができる。

対話において、プライミング操作はしばしば用いられる技法である。たとえば一番身近な例で言えば、「怒らないで聞いてくれる?」とか、「冷静に聞いてほしいことがあるんだ」といった言い回しである。

いきなり言えば感情が激発してしまうようなことも、こうしたプライミング操作を施すことによって、ショックなことを言われるということを予想し、冷静に受け止めることにつながりやすい。

認知の歪みを指摘する場合も、プライミング操作が重要になる。

たとえば、認知療法として特別な枠組みを行うという場合は、その枠組み自体がプライミング操作になっている。そして認知療法とはどういうものか、認知の偏りや自動思考、信条、方略といったことについてあらかじめレクチャーを受けると、それも強力なプライミング効果をもつ。

あらかじめ説明しておいたことを後で指摘されると、それは受け容れやすくなる。ところが、そうした手順を省いていきなり指摘されても、自分の非を責められたと受け取ってしまいやすく、過剰な反発を招きかねない。

どういう場合にも指導や指摘を行い、修正を図るという場合にはあらかじめ一般的な説明を行い、次に実際にやってみて具体的な問題点を指摘するという方法が学習効果を高める。

短い時間でもあらかじめ説明をしておくことは、後で生じる抵抗や困難を大幅に減らすことができる。以下はその例である。

「誰でも物事の受け止め方、感じ方のクセをもっています。それは生まれて育つなかで身に

つけたもので、その人にとってはごく自然な思考パターンになっています。そういう物事の受け止め方を認知と言うんですが、自分では自分のクセに気づかなくて、知らないうちに認知のワナにはまり込んでいることが多いんです。それが、生きづらさやトラブルの原因になるんです。せっかくこうしてお話しする機会をもったので、できるだけこの機会を活かしたほうがよいと思うんです。これからお話ししていて、認知のクセやワナに気づいたときに、それをお伝えさせていただいてもいいですか？」

こうした前振りをあらかじめしておくことによって、抵抗が減るだけでなく、指摘を進んで受け容れようとか、指摘してもらって偏りを治したいといった前向きな気持ちが生じやすくなる。

そのうえ実際に指摘する場合にも、心構えをしてもらうために、もう一度プライミング操作を行ったほうがよい。

「お話ししていて、ちょっと気がついたんですけど……。前にお話しした認知のクセに関することですが。今そのことを言ってもいいでしょうか？」

「前に、人にはそれぞれ物事の受け止め方のクセがあるという話をしたのは覚えていますか？　それで、気がついたときには率直にお伝えさせてもらうということもお話ししたと思いますが。それで、今ちょっと気がついたことがあって」

こうした前置きをして同意を得てから切り出すと、相手は安全感をあまり侵害されず、前向きな心構えをもつことができる。

偏りを指摘し修正する技法

認知や行動パターンの偏りを実際に指摘するときの話の運び方を、家庭内暴力を繰り返している男性のケースで見ていこう。

「〇〇さんは、自分が要求したことを断られると、つい自分のことを馬鹿にされたように受け止めてしまうところがあるように思ったのですが。ご自分ではどうですか？」

「もしかしたら〇〇さんは、人から何か言われると、怒りを感じてしまうことはありませんか。ご自分ではどう思われますか？」

といった具合にこちらの見方を押しつけず、本人の意見を必ず聞くようにする。

思い当たることがあって、指摘を受け容れる方向の答えが返ってくれば、同じようなことがあった具体的な状況をすかさず話してもらうようにする。

「そういうことで、これまで他にどんなことがありましたか？」と、漠然とした聞き方をする。具体的なエピソードを思い出してもらえると、それについて、**①何がきっかけとなったか、②どのような行動や感情的反応が起きたか、③それは、きっかけとなった出来事をどのように受け止めたからか**、と順に振り返っていく。

認知療法でもっとも大事なのは、「どのように受け止めたから」の部分である。これは、先述の自動思考にかかわり、ある状況に対して反射的に起きるクセになっている思考パターンである。その部分をしっかり話して自覚していくことが大事であるが、最初のうちはうまく話せないことも多い。その場合は、こちらで推測したことを述べるのも一法である。**「〜と受け止めたのかな？」**と控えめに尋ねる。

さらに、自分の認知と現実とのズレに気づかせることが、次のポイントになる。

「ということは、実際に起きたことと自分のなかで受け止めたことと、今比べてみるとどうですか？」

「後から考えると、もう少し違った受け止め方ができる感じなんでしょうか？」

「今から考えると、受け止め方が少し行きすぎだったようなところがありますか？」

ズレに気づいたという内容の答えが返ってくれれば、すでに認知の修正が行われ始めていることを示している。その場合は、さらに認知の修正をより確かなものに推し進める必要がある。それには、次のような質問が大事である。

「ほかにどんなふうに受け止めることができたと思いますか？」

「じゃあ、どんな受け止め方をしていたら、もっとよかったと思いますか？」

違う受け止め方を話してくれたら、それを肯定し、さらに次の質問を行う。

「もしその受け止め方をしていたら、後の反応はどんなふうに違っていたでしょうか？」

「もしその受け止め方ができていたら、その後の事態に何か違いはあったでしょうか？」

多くのケースでは、一つか二つのパターンが頻繁に見られることが多い。これまでに語られたエピソードと関連づけることがポイントだ。

「この間も、たしか似たようなことがありませんでしたか？　この間話してくれたのは、どんなことでしたっけ？」と、以前語られたエピソードとつなげていくことにより、自分が同じような落とし穴に入りやすいことが自覚されていくのを助ける。

最後にその日の話の要約をして、その日の発見や進歩を整理し、肯定する。

具体的な状況を重視する

典型的なパターンがいくつか存在するが、重要なことは、あまり単純化せずにその人独自の傾向を具体的に表現することである。

「もしかしたら○○さんは、**自分が要求したことを断られると、自分のことを馬鹿にしたように受け止めてしまう**ところがあるのかなと思ったのですが」

これを「被害的認知」と単純化して言うことで、理解や同定（その認知パターンだと気づくこと）を容易にする面もあるが、その人の被害的認知が起こりやすい状況といった情報を削ってしまい、その人独自のパターンが見えづらくなってしまう面もある。否定的なラベリングをされたと感じることで、自分の傾向を受け容れるのを拒否する場合もある。

したがって、あまり最初の段階から単純化したラベリングはしないほうが無難だろう。できれば本人自身が自分の傾向に気づいて、本人の口からそれに近い言葉が出てくるのを待ったほうがよい。ある程度、本人も自分の傾向がわかってきて、いくつも同じようなエピソードを報告した段階で、

「これまで、何度か同じような受け止め方をしているように感じたのですが、ご自分ではどう感じられますか？」と促してみる。

「どうも自分が貶《けな》されているように思い込んでしまうところがあるようです。被害妄想ですか？」

といった反応が返ってくれば、

「冷静によく振り返られましたね。被害妄想とまではいきませんが、被害的な受け止め方という意味で被害的認知と言います。○○さんは、自分の要求が断られたり思い通りにならないと、被害的認知になりやすいところがあるようです。どうですか、ご自分では?」

こちらが説明をしたら、必ず本人の意見や感想を求めることで、押しつけられたという気持ちをもたせずに、主体的に対話に参加するように導くことができる。

さらに、悪い認知のパターンに陥らないように認知の修正を図ることが重要である。

「大事なのは、悪い受け止め方のクセに気づいたら、同じパターンを繰り返さないように受け止め方を変えていくことです。こういうとき他にどう受け止めたら、もっとうまくいくでしょうか?」

そこで本人に考えてもらい、自分の言葉で受け止め方や対処の方法を語ってもらう。こちらはそれを助けたり繰り返したりしながら、最後に要約する。

「今言ってくれたのは、自分の要求が断られたからといって、自分が蔑ろにされたのではないと受け止めるという方法ですね。それはとても大事な対処の仕方だと思います」

対処を考えていくとき、引き金となる状況も重要である。どういう状況のときに起こりやすいのかを本人が自覚することで、より具体的な対処を考えられるからだ。

「悪い認知や行動のパターンを防ぐためには、それがどういう状況で起きるのかを知っておくことがとても重要です。○○さんの場合はどうでしょうか？」

そして、要求を断られたときや思い通りにしてくれなかったとき、といった具体的な状況を本人の口から言ってもらい、それをフィードバックする。

よく見られる偏った認知や信念

よく見られる典型的なパターンについて、こちらがある程度知っていれば、それだけ偏ったパターンを抽出しやすくなるだろう。

その場合にパターンは大きく基本的な認知に関係するものと、信念に関係するものに分けて考えると整理しやすい。

(1)基本的な認知に関係するもの

「どうも○○さんは、**白か黒か、全か無かで物事を考えてしまうところがあるようですね？**」

（二分法的認知）

「○○さんは、一つか二つのことから、全部がそうだと思ってしまうところがあるようですね？」（過度な一般化）

「もしかしたら○○さんは、良いことは見ずに悪いことだけを見て、全部が悪いように思ってしまうところがあるのではと思うのですが？」（選択的抽出、否定的認知）

「○○さんは、ちょっとでも悪いことがあると全部がダメになったように思って、絶望的な気持ちになってしまうところがあるようですね？」（破局視）

「○○さんは、自分に関係のないことまで自分が原因だと思ってしまうところがあるようですね？」（自己関係づけ）

「○○さんは、自分の感情的な印象で物事を結論づけてしまうところがあるようですね？」（感情的論法）

(2)偏った信念と関係するもの

「○○さんは、自分がすべきだと思っていることを、すべてその通りにしないと気がすまないところがあるようですね？」（「すべき」思考、「完璧でないと価値がない」という信念）

「もしかしたら○○さんは、自分がどうなろうと与えられた仕事は自分がするしかないと思っているところがあるようですね？」（「自分の責任を果たさなければ自分は無価値になる」とい

う信念）

「○○さんが自分で何も決められないのは、**人に頼らないと自分では何もできない**と思っているところがあるためのようですね？」（「自分は無能なので、人に頼らないと生きていけない」という信念）

「○○さんは、**自分は誰からも愛されない**と思っているところがあるようですね？」（「自分は取り柄がないので、誰も愛してくれない」という信念）

「もしかしたら○○さんは、**親しくなると相手から嫌われてしまう**と思っているところがあるようですね？」（「本当の自分を知られたら、誰も愛してくれない」という信念）

「○○さんは、**他人はいつか裏切る**と思っているところがあるようですね？」（「他人はいつか裏切るので信用できない」という信念）

「○○さんは、**失敗して傷つくくらいなら最初からやらないほうがいい**と思っているところがあるようですね？」（「失敗して傷つくくらいならチャレンジしないほうがいい」という信念）

　などなどである。一人ひとりの信念はそれぞれ個性があり、紋切り型の表現に押し込める必要はないが、おおよそのパターンというものはある。そうしたパターンについて、もう少し詳しく知りたい方は、拙著『パーソナリティ障害』（PHP新書）や『パーソナリティ障害がわかる本』（法研）で手軽に学べるだろう。また専門書としては、『人格障害の認知療法』（アーロン・ベック、アーサー・フリーマン著、岩崎学術出版社）が参考になるだろう。

抵抗が強いケースの動かし方

しかし、認知の歪みが強いケースでは、事実とのズレを認めようとせず、そうした指摘を自分に対する非難のように受け取ったり、自分のことを信用してくれないと怒りを感じたりする。逆に自分を過度に責めすぎて、周囲の問題まで自分の責任だと思い込んでいる場合もある。周囲に責任転嫁するケースのほうが修正は難しいことが多い。

認知の歪みの強いケースは、概してネガティブな感情にとらわれやすく、自分が傷つけられたという思いが強い。悪いのは周囲で、自分は正しいことをしているのに不当な目にあわされたと言い張り続けることもある。そうした場合、エピソード（出来事）を振り返ると、ネガティブな感情のほうばかりが強く蘇《よみがえ》ってきて、事実を客観的に振り返ることを妨げてしまう。

こういう場合には、どういう対話の仕方が有効だろうか。

まず傷ついた思いに共感を示し、決してあなたを非難しようとしているのではないことを強調する必要がある。そのうえで、相手が不当なことをしてきた場合でも、それに上手に対処することで、被害を最小限に食い止めることが大事ではないかと問いかける。

「いま考えてもらっているのは、○○さんを責めているのではないのですよ。○○さんが上手に自分を守る方法を考えるためです。相手がイヤなことをしてきた場合でも、自分を守らなければなりませんよね？　そんなとき、どう受け止めたらイヤな思いをせずにすむかを考えましょうよ」

自分の気持ちを受け止められたと感じ、前向きに改善に取り組もうという気になれば、違う受け止め方を考え始めるだろう。しかしそれでもなお、自分の傷ついた思いにこだわり続けるときもある。「死ねばいいと思う」とか「絶対許さないと思う」と攻撃的な答えを返してきたり、「ほかの受け止め方なんかできない。向こうが悪いのだから殴ったらいい」と行動による反応を誇示したりする。

そういう場合は、少し気分の切り替えやクールダウンを図る言い方も必要だ。そのポイントは、共感と肯定的な反応である。悪い反応をしているときも、傷ついた思いを受け止めるとともに、現実的な対処について考えてみようという方向に導くのである。

「でも、それで本当に殴ったりしたら、○○さんが悪くなります。そうならずにすんだのは○○さんが我慢したからで、それは本当によかったと思いますよ。でも、ただ我慢するだけでは、あとで怒りがこみあげてきたりしますよね？　しこりを残さないような良い受け止め方を考えましょう」

また、たとえ話をすることも、視点を切り替えるきっかけになる。

「ボクシングの試合を思い浮かべてください。相手がパンチを打ってくる。あなたが打ち返すことも大事ですが、もう一つ大事なことはないですか？　そうです。相手のパンチをかわすことです。いくらパンチが強くても、相手のパンチをまともに食らっていたら、やられてしまいますよね。あれと同じだと思ってください。相手のパンチに腹を立てるより、うまくかわす練習をしたほうがよいでしょう？」

実際、認知の修正は、パンチのかわし方や柔道の受け身の練習と似ている。相手がパンチを繰り出してくることは、人生という試合に参加している以上、仕方がないことなのだ。致命的なパンチをもらわないようにガードを固めたり、フットワークやスウェイバックを使ってダメージを受けないように、上手に受け止めることが大事なのである。

こうした技法を、手を替え品を替え繰り出しながら、粘り強く話していると、しまいに相手は笑い出し、視点の切り替えが起こる。笑いが出るのは非常に良い兆候だ。笑いやユーモアとは、そもそも視点が切り替わったときに浮かぶものだからだ。

視点を切り替えるうえで、もう一つ役に立つ手法は、立場を入れ替えて想像してもらう方法だ。

たとえば、母親に対して家庭内暴力をしている人であれば、母親とその人が入れ替わった場合を想像してもらうのだ。いきなり想像してくださいと言うと、あっさり「できません」という返事が返ってきてしまう場合もあるので、簡単な前振りをプライミング操作として行うといいだろう。

「○○さんは、想像するのは得意そうですね。ちょっと想像してもらっていいですか？　仮にですよ、時空の裂け目か何かにはまって、○○さんとお母さんが入れ替わってしまったと思ってください。だから○○さんは、お母さんになっている状態です。そのときお母さんは、ご自分の息子さんの行動を、どう感じているでしょうか？」

場合によっては、「私が代わりに○○さんの役をやりましょう」と言って、本人の言葉や態度を演じてみせるのも良い方法だ。自分の行動を他人に演じられると、その滑稽《こっけい》さや理不尽さに気づいて、思わず吹き出すこともあるだろう。こうして自分の姿を振り返り、認知や行動の修正が起こるきっかけが生まれる。

親子関係にまで遡る方法

通常の認知療法や認知行動療法は、そうした偏りの原因自体は問題にしない。その偏りがなぜ生じたのかという原因は棚上げして、認知や行動パターンを変えることで、適応の改善、つまり問題解決を図ろうとする。認知の偏りはいわば症状診断であり、原因診断ではない。なぜ偏りが生じたかよりも、なぜ今も続いているのかを問題にし、原因追及ではなく問題を修正することに力を注ぐのである。その点では問題解決アプローチと似ているとも言える。

しかし、深い心の傷を抱えているようなケースでは、認知の偏りだけを扱おうとしてもなかなか難しい場合もある。そうした偏りが今も続いていることと、その偏りが生じた原因とは無関係だとは言えないのである。原因が取り除かれていないことが、その状況をさらに強化しているという場合も少なくない。

なぜ、そうした偏った認知や信念にとらわれるようになったのかを、原因となった体験に遡って理解することが、回り道のようで結局、根本的な改善につながりやすいのも事実である。

ガラスの破片が入り込んだまま治癒する場合もあるが、入り込んでいるのが鉛の銃弾だとすれば、リスクを冒《おか》してでも取り出さないと、いつまでも苦しめられることになりかねない。

では、そもそも偏った認知や信念はどこから由来するのだろうか。ベック自身、その起源について、「素質と養育の相互作用」に遡る必要があるとしている。その子のもつ素質的な感受性と拒絶や遺棄や妨害といった養育上の問題が不幸な組み合わせになったとき、「私は愛されない」といった否定的な信念を形成してしまうと述べている。

そうした考えをさらに推し進めて、心理療法家のローナ・スミス・ベンジャミンは、その人が子どもだったときの親などの重要な他者との関係が、他の人との間でも再現されているのだと考える。そのことを自覚することから対人関係の修正を図ろうとするアプローチを発展させた。

実際そうしたアプローチは、多くの心理療法家が採り入れて実践している。この方法のポイントは、現在起きている問題と過去の体験とをリンクさせていくということにある。ある程度時間を要するし、一時的に親に対して批判的になる時期がみられたり不安や依存がつよまったりするが、より根本的な回復につながる可能性をもつ方法である。

第五章

自己否定を克服するアプローチ

強い自己否定を修正する

さまざまな認知の偏りの背後にしばしばひそんでいる問題は自己否定的な信念である。その部分は簡単には変わらないし、いくら表面的な認知を修正しようとしても、根底にある自己否定がやわらいでこないと、事態の回復は見えてこないことが多い。

この自己否定という強い信念をいかに修正するのかという課題が、しばしば重要になる。自己否定は自傷行為や自殺といった深刻な問題にも結びつくし、間接的に自分を損ない、自分を貶《おとし》める行為、たとえば薬物やアルコール依存、非行や犯罪、破廉恥《はれんち》な行動などに走らせる隠れた動因にもなる。自己否定を正面から修正しようとしても、先に述べた両価性の原理により、あべこべに自己否定を強めてしまう場合もある。どうやって修正するのがよいのだろうか。

自傷や自殺企図を繰り返す境界性パーソナリティ障害という状態がある。近年、私たちの身近でも増えているものである。アメリカの精神科医マーシャ・リネハン（一九四三〜）は、こうした状態の治療に取り組むなかで、どういう対話が相手に良い変化を引き起こすかを第三者にモニターしてもらいながら研究を重ねた。その結果リネハンが行きついたのが、ヴァリデーション（validation 認証戦略）である。ヴァリデーションは認証とか承認と訳されるが、わかりやすく言えば、それでいいんだと認める、肯定的に受け止めるということである。

しかし、間違いや問題を否認して、それでいいんだということではない。それでは不誠実になってしまい、相手も納得できず、「何もいいことなんかない」と思うだけだろう。では、それでいいんだと認めるためにどうするのかと言えば、良いところ探しをするのである。どんなひどい状況でも、何か良いことがあるはずだという観点で、悪いところではなく良いところを探して、たしかに悪いこともあるが、こんな良いこともあると語りかけるのである。

実際に試してみるとよくわかるのだが、この認証戦略は非常に効果がある。ことに、とても傷ついた悪い状態のときに効果を発揮する。それが状況の逆転を引き起こしていくこともある。

この方法は、自己否定だけでなく二分法的認知も改善する。そもそもリネハンがこの方法のターゲットと考えていたのは二分法的認知の改善で、全か無か、全部良いか全部悪いかの両極端な受け止め方になりがちな人に、良いところ探しのアプローチをすると、二分法的認知が改善されるということから始まったのである。ところが実際には、二分法的認知だけでなく、自己否定的信念やそれと結びついた否定的認知全体までもが改善していくのである。

二分法的認知は、否定的認知や自己否定と密接に結びついているのである。完璧が善で、完璧でない存在が悪であれば、たいていのものは悪になってしまう。他人も自分もすべて不完全な出来損ないということになれば、何もかも信用できないということになる。

こうした受け取り方を変えていくためには、ダメだと否定されたものにもこんな良いところがあるということに気づかせていくことが鍵を握る。良いところとは、気づいていないメリットであったり、価値であったり、長所であったり、正しさであったり、教訓や知恵であったりする。失敗しても得られるものが必ずある、苦しみやトラブルは人間を強く、賢くしていくという逆転の発想である。

四つの認証戦略における対話技法

リネハンは認証戦略の方法を大きく四つに分けている。情動認証戦略、行動認証戦略、認知認証戦略、チアリーディング戦略である。

①情動認証戦略

情動認証戦略を一言で言えば、気持ちをありのままに表現させ、それを受け止め、理解し、その意味を共有し、肯定するということである。

今日でも一般に流布《るふ》した考え方は、気持ちを表現させるとどんどんエスカレートして、コントロールができなくなる恐れがあるので、あまり気持ちを聞きすぎないようにし、むしろ我慢することを学ばせたほうがいいというものである。

それに対して、リネハンは真っ向から否と言う。そんなふうに気持ちを抑えさせることが問題をこじらせ、逆に感情の暴走を生んでしまうというのだ。リネハンはむしろ、人は自分の気持ちをありのままに出せるようになったことを肯定されることで、安心していつでも気持ちを受け止めてもらえると思うようになり、怒りのための怒りのような感情の暴発や問題行動を起こさなくなり安定していくとする。実際少し長い目で見ていくと、その通りになっていく。

腰を据えてとことん聞き、受け止め、気持ちが言えたことを肯定することが重要になる。

「自分の気持ちがよく言えたね。それはとても大事なことなんだよ」
「○○さんがそう感じるのは、もっともだと思うよ」
「怒ったり、泣いたりすることにも理由があるし、意味があると思うよ」

「すごく腹が立ったんだね。どういうことかもう少し話してくれるかな?」

次に、認証とは反対の不認証を与えてしまう、避けるべき表現の仕方の代表的なものを挙げよう。

「そんなふうに感情的になっていたら、話はできないよ」

「そんなふうに考える必要はないよ。大げさに考えすぎだよ」

「不満ばかり言わずに、今の状況に感謝すべきだよ」

②行動認証戦略

すべての行動には理由や意味があり理解できるという視点から、あらゆる行動をありのままに受け止めようとする戦略である。この戦略に抵抗するのは、「ねばならない」の思考である。正しい行動だけをしなければならない、悪い行動をしてはいけないという「ねばならない」の思考にとらわれることで、してはいけない行動をしてしまう自分を否定的に見てしまう。この「ねばならない」の思考に対抗し、起きることを正や邪の判断で見るのではなく、すべては起きるべくして起きているという受け止め方を繰り返し伝えなければならない。さらには、「ねばならない」と考えることにも意味があるとして、それも受け容れようとするのである。

たとえば自傷行為を繰り返している人に、いくら自傷行為は良くないことなのでしてはいけない、つまり「ねばならない」で語ったとしても、ほとんど効果はない。そう言われることは、そういう悪いことをする自分は悪い奴だとか、また悪いことをしたら見捨てると脅されたようにしか受け取れない。結局は余計に不認証を与えることになり、そんな悪い自分をもっと罰しようとして、自傷行為をエスカレートさせることになる。

リネハンはまったく逆の発想をする。自傷行為をすることにも意味があるはずだと理解し、受け止めようとする。その行為を決して否定したり非難したりせずに、行動の肯定的側面に着目しようとする。実際そうした態度をとるほうが、禁じるという態度をとるよりもずっと効果的に自傷行為を減らすことにつながるのである。

人はさまざまな「ねばならない」に縛られている。この縛りがその人を落胆させ、苦しめる。「会社の上司から評価されねばならない。さもないと自分はダメになる」と心のどこかで自分を縛っている人もいるだろう。そうした「ねばならない」に対して、決してそんなことはない、どんな生き方も可能だし、期待通りにならなかったからと言って、何一つあなたの価値が下がるわけではない、期待通りにならなかったほうが良い点もあると、発想の逆転を行いながら、うまくいかない行動や結果さえも肯定的に受け止めていく。
まず重要なのは、行動をありのままに事実に即して説明してもらうことである。感情的な解釈や思い込みではなく、事実そのものを客観的に語らせるようにリードすることがポイントである。

「何があったか、ありのままに言ってくれないか？　大丈夫、それによって○○さんを責めるということはないから」

「○○さんが感じたことも大事だけど、実際の行動としては、どうしたんだい？」

事実をできるだけ客観的に描写し、それを互いに共有できたところで、その行動の否定的解釈ではなく、肯定的な意味探しをしていく。強い自己否定にとらわれている場合には、この作業が特に重要になる。

「何かあって、そういうことをしたんじゃないの？」

「その行動にも、何か意味があると思うよ」

「○○さんは、それを失敗だと思っているのかな？」

「このことで、自分を責めたりしていたのかな？」

「ねばならない」の思考にとらわれているのを見出し、その点を指摘し、それだけが唯一の正解ではないことを伝える。

「どうして、そうでなければダメだって思うのかな？」

「こうでなくちゃならないなんてことはないと思うよ。人生の答えは一つじゃないんだ」

さらに、その行動から学んだ知恵や教訓、その行動のプラスの意味について語り合う。

避けるべき表現としては、行動を否定するだけでなく、相手の努力や人格を全否定したり、見捨てると脅すような言い方である。

「また、そんなことをして。何を考えているんだ」

「いつまで同じことをしているんだ。ちっとも変わってないじゃないか」

「また同じことをしたら、もう知らないからね」

③認知認証戦略

受け止め方である認知や思い込みである信念の偏りに気づかせ、修正する認知療法については前章で見た。認知療法では、認知のクセがその人の生活にとって不利に働いていることを自覚させ、もっと適応が楽になる受け止め方に修正しようとした。

認知認証戦略は、認知や信念の偏りに着目させるというところまでは同じである。ただ、そこからが違っている。リネハンは、通常行われる認知療法のように、その人の認知が現実と食い違っていることを指摘し、思い込みを論破しようとすることは、自分の受け止め方が間違っているという不認証を与えてしまうため、傷つきやすく不安定な人には逆効果になってしまうことに気づいた。そして彼女が見出したのは、その人の認知や信念がたとえ不適応的なものであったとしても、それを否定し改めさせようとするのではなく、むしろ肯定的な側面を認める働きかけを行ったほうが、否定的な認知の偏りを修正するのに役立つということである。

とかく「患者」や「問題を抱えた子」「問題を抱えた社員」というものは、否定的な色眼鏡で扱われがちなものである。感情も行動も、そして受け止め方や考え方まで、最初から歪んでいるものとみなされてしまうことも少なくない。よく話を聞けば、まっとうなことを言っているとわかることも、「要求がましい」とか「他罰的だ」とか「依存的だ」といった否定的なレッテル貼りで応じられることも多い。

「あなたの考え方は全か無かの思考である」とか「あなたは被害的認知にとらわれているだけです」と言われても、本人はそうなってしまうことをどうすることもできない。また、そうなってしまうのにはそれなりに理由や状況があるにもかかわらず、認知が偏っているだけですと説明されても、自分の気持ちを汲み取ってもらえたようには感じられない。ただ自分のことを否定されたように思うだけで、どうすればいいのかますますわからなくなり、自信もなくなってしまうのである。

リネハンの方法は、まったく逆のことをする。

たとえば上司に注意されたことですっかり落ち込み、何もかもが嫌になった女性がいるとしよう。

その場合にまず重要なのは、「現実に起きた事実」とその人の「頭のなかで起きたこと」をしっかり区別する作業を行うことである。というのも、不安定な人ほど両者を混同してしまいやすいからである。「上司に注意された」という事実は「上司は私を嫌っている」とか「上司は私をいじめる」という解釈が混入したものに、すぐすり替わってしまう。そこで、純粋に客観的な事実だけを抽出する練習をするのである。思い込みに左右されず事実をありのままに見ようとするのだ。

まず何がどんなふうに起きたかを語ってもらう。そのうえで、解釈の混じった説明を認めたときは、「そんなことはないだろう」とか「それは〇〇さんが勝手に考えたことでしょ」と否定するのではなく、

「どういうことから、そう思うの？」

と共感しつつ、同時に事実を掘り下げていく問いかけを用いる。

「私ばっかり注意してくる」という答えが返ってくれば、何回注意されたのか、他の人はまったく注意されないのかという具体的な状況をさらに尋ねつつ、事実と思い込んでいた部分とを切り分けていく。ただ、そこで本人の受け止め方が思い込みにすぎないことを証明しようとはしない。その点が認知療法と異なる点である。事実と解釈とを区別する作業をしたうえで、

「上司は、細かいところも早め早めに注意する人のようだね。ということは、○○さんを嫌っているから注意したわけ**ではないかもしれないね。でも○○さんは、**注意されると嫌われている**ように思ってしまうんだね**」と受け止める。

この方法の優れた点は、どちらか一方の主張だけを押し通そうとはせずに、別の可能性も指摘しつつ、相手の感じていることを受け止めるという両面作戦をとっていることである。相手は自分が否定されたと思うことなく、別の見方を受け容れやすくなる。

その後の展開も、通常の認知療法では、他の受け止め方はできないかと認知を直接修正することに力を注ぐのだが、認知認証戦略ではむしろ、その受け止め方には何か意味があった

に違いないと考え、そこにひそんでいる真理や知恵を拾い上げ、賢明さや独自の価値を認めようとする。

「あなたのそうした考え方は、あなたを苦しめる面もあるかもしれませんが、あなたがこれまで生きてきたなかで、何か大切な意味があったように思います」

「あなたは、そう受け止めることで、いつも自分を守っていたんだね」

というように、その肯定的な意味のほうに着目するのである。

もちろん、本人からの発言を引き出すことで深めていくことが重要なのは言うまでもない。

こうしたかかわり方で、なぜ人は変わり始めるのか。正攻法で正しいことを教えようとしてしまう人には、腑に落ちないかもしれない。しかし、それが人間というものなのである。ことに心に傷を抱えた傷つきやすい存在は、正しいからしなければならないと責めたてられたところで、逆の結果になってしまうだけなのである。

なぜなら彼らはまさにそのような不認証を与えられることによってエネルギーを奪われ、マイナスの思考を身につけてきたからだ。彼らが味わされてきた状況を繰り返したところで、無益などころか事態は悪くなる一方である。そうした存在にとって何よりも必要なのは、認められ受け容れられるということである。心から認められたのだと納得がいくとプラスのエネルギーが生まれて、もはや悪い自分にしがみつく必要もなくなってしまう。

④チアリーディング戦略

弱り切っている相手を立ち上がらせようとするときや、今にも諦めかけている人にもう一度希望と闘志を取り戻させることが必要な場面というものがある。こうしたときに、感情も熱意もこもらない言葉で受け止め方がどうのこうのと言われても通用するものではない。もうどうでもいいことにもなってしまう。

そうしたピンチの場面とか、踏ん張りどころの正念場をいかに乗り越えていくかということは、何のチャレンジをするにしろ、ことの成否を左右することになるし、また、成功体験により自信を摑めるかどうかにもかかわってくる。

こうした極限まで追い詰められた状態は、劣勢に立たされたボクシングの試合のようなものだ。そのときセコンドについたコーチが、敗色の濃いボクサーの闘志に、どうやってもう一度火をつけることができるのか。当然、難しいことを説明しようとしても無駄である。直接的で心に響くことを、腹の底から語りかけることが必要になってくる。

こうした名コーチのようなかかわり方を、リネハンはチアリーディング戦略と呼ぶ。それは対話の特殊な形態だと言えるだろうが、現実には小難しい対話よりも効果があることもしばしばで、実際によく使われている。こうした手法は体育会系の人に得意な人が多い。特に団体競技をやっていた人は、チームプレイのなかで自然に身についている。掛け声をかけ合ってピンチをしのいだ経験が役立つのだ。

チアリーディング戦略では、理性だけではなく情動も巻き込んだ形で、その両方をコントロールする技術が必要になってくる。

そうしたものを身につけている人のそばにいるだけで、身についてくるという場合もある。酒の勢いを借りて真剣に語り合ったり、肩を組んで一緒に羽目をはずすというような経験も、多少は役に立つだろう。

理性でがんじがらめになっているような知的なタイプの人は、概してこういうかかわり方は苦手である。苦手であってもやらなければならないときもある。リネハンが挙げているポイントを記しておこう。

(1)「よくやっている」——今にも逃げ出したい気持ちになっているときに、どこが悪いとかあそこを直せと言われても、ますます自分の能力を否定されたとしか感じられず、逆効果である。まず善戦していることを評価し、賞賛することが必要なのである。

(2)「あなたならできる」――こちらが、その人の可能性を信じていると伝えることほど、相手の勇気を奮い立たせることはない。ピグマリオン効果を思い出してほしい。

(3)「あなたには、その能力がある」――さらに一歩踏み込んで、可能性を裏づける根拠として能力が備わっていることを強調する。これはピグマリオン効果をさらに強化する。「なぜ、そんなことがわかるのだ」と聞かれたら、**「今まで見てきたからわかるんだ」**と確信を込めて答えればいいのだ。

(4)外野からの批判に反論する――こちらが肯定的に接しようとしても、他の人からそれに水をかけるような対応がなされることもある。そのとき言われた否定的な評価を引き合いに出して、「やっぱり自分はダメだ」という考えに逆戻りしてしまうこともある。明らかに不当な批判である場合には、きっぱりその考えに反論しなければならない。

「それは違うと思うな。今の○○さんのことをよく知らないんじゃないかな。今の○○さんはそうじゃないと思う」

「○○さんは、それを聞いてどう思った？　それで納得できた？　納得いかないということは、○○さんはそうじゃないってことだ。私もそうじゃないと思う」

ただ、その評価を気にしているということは、評価をした人にそれだけ重きを置いているということでもあり、評価をした人を否定するような言い方は避けたほうがいい。その批判を肯定的に解釈し直すことがポイントになる。

「それは、〇〇さんを奮い立たせようとして、少し厳しめに言ってくれたんじゃないかな。〇〇さんがよくやっていることはわかってくれていると思うよ」

(5)「わたしがついているから、大丈夫だ」――いつも自分がそばにいて応援していることを伝えることは、不安の強い人や弱っている人にとって、もう少し戦ってみようという気持ちを回復させ、戦意を保つことにつながる。これまで共にやってきたことを強調することも重要である。

「ここまで一緒に頑張ってきたことを思い出してほしい。あれだけのことを乗り越えてきたんだ。もう一息だ」

(6)「できることからやってみよう」「何ができるか考えてみよう」――やる気が少し回復してくると、次に心配になるのは、それが本当に実現可能かということである。両価的葛藤には二つあって、一つが実行可能かどうかをめぐる葛藤だったことを覚えているだろうか。やっぱりそんなの不可能だと思ってしまうと、せっかく戻ってきた気力もまた萎《な》えてしまう。やる気が上向いてきたところで、すかさず具体的な方策に話を進めていく必要がある。その場合、何を達成したいかに目を奪われすぎるよりも、とりあえず何ができるかを考えたほうが現実的である。そこから突破口が開けることも多い。

(7)寄り添い続ける――そして最後は、うまくいこうがいくまいがそばに居続けるということであり、そのことを言明することである。うまくいかないときも変わらずそばに居続けることが、こんなときでさえ見捨てられなかったという思いを強め、自己否定感を払拭《ふっしょく》することにつながる。**「どんなときも応援しているよ」**というスタンスが大事なのである。また、結果よりもプロセスに着目し、進歩した点を評価し、そこに肯定的な意味を与えることも重要である。

「厳しいなかで最後までよくやった。もう無理だと言いながら、あれだけやれたんだからすごいと思うよ。今回はこれで十分だ。またチャレンジすればいい」

本人の努力を肯定することによって、本人のなかに前向きな悔しさが生まれ、それが次につながっていく。

第六章 不安定な愛着の人へのアプローチ

安定した関係とは何か

これまで述べてきた対話技術には、一つ大きな前提があった。対話をする二人の間にある程度の安定した相互的な関係が成立するということである。

対話がうまくいくためには信頼関係が維持され、一つの目的に向かって協力関係が生まれることが望ましいし、そうしたときに大きな成果も期待できる。

対話が有効に統合的な機能を発揮するには、語りが一方通行なものではなく相互的なものであることも重要だ。こちらから問いかけても、まったくその質問には答えてくれず、他の話ばかりする場合には、これまで述べてきたような対話を効果的に行っていくことはなかなか難しいからである。

しかし現実には、問題を抱えやすい人はしばしば不安定であるし、また相互的なコミュニケーションが苦手であることも多い。

こうしたケースにうまくかかわっていくためには、どういう対話技術が有効であるかというのが、本章のテーマである。

そもそも関係が安定しているとはどういうことなのだろうか。なぜ安定した関係では、対話が有効に機能しやすいのだろうか。

転移と抵抗

精神分析の創始者フロイトの発見の一つは、転移という現象が心の回復過程で起きるということであった。転移とは、子どもの頃大切だった人に対して抱いた感情や思いが、他の人に対して移し替えられることである。ポジティブな感情が主体であるときは陽性転移といい、通常転移というと陽性転移のことを指す。しかし、逆にネガティブな感情（嫌悪、反発など）が主に向けられることもあり、その場合は陰性転移という。転移（陽性転移）が生じると、治療者を「いい人」と感じ、親しみを覚えている。逆に、陰性転移では「嫌な人」と感じ、反発を覚えている。いずれも無意識的なものであり、本人もなぜそうした感情をもつのかわからないままである。

フロイトは、神経症を回復させるには転移というプロセスを通過しなければならないが、同時にそれが障害物でもあることに気づいた。転移は、かつてその人を支配していた感情にしがみつくことで、問題に向かい合うことを避けようとする「抵抗」ともなったのである。

たとえば問題を解決しようと取り組んでいるのに、肝心な問題よりも治療者に対する恋愛感情で心を乱してしまう女性も少なからずいた。こうした問題は、フロイトに限らず彼の後継者たちを悩ませることになった。精神分析は無意識的な現象である転移を、積極的に意識化することによって克服しようとした。一方ロジャーズは、受容や共感とともに中立性を保つことが、安定した関係の維持に重要だと考えた。

しかしフロイトの精神分析も、ロジャーズの方法を継承したカウンセリングも、しばしば面倒な事態に陥った。一群のケースでは関係自体がうまく成立しなかったり、また別の一群のケースでは、どんどん混乱を助長するだけで終わるということも起きた。一群の患者では治療者に対する反発とともに激しく治療に抵抗し、また別の一群の患者では、転移を起こすとどんどん不安定になっていき、困らせるようなことや挑発するようなことをエスカレートさせた。またほかの多くの患者でも、症状が良くなって治療を止めようとすると、症状がぶり返したり困ったことをして、治療を止めることに抵抗する人が少なからずいた。

不安定型愛着の発見

フロイトとその後継者を悩ませた問題の正体を解き明かす鍵があらわれるのは、フロイトが第二次世界大戦中に亡くなって十数年後の一九六〇年代になってからである。フロイトより半世紀ほど後の世代にあたり、最初はフロイトの精神分析を学んだジョン・ボウルビィ（一九〇七〜一九九〇）というイギリスの精神科医が、愛着という現象に着目して愛着理論を打ち立てたのである。愛着とはある特別な人に特別な結びつきを感じる現象である。その結びつきの起源は、乳幼児期の養育者（通常は母親）との関係に遡る。

ボウルビィの理論は母親と子どもの関係から出発したものだが、その後の研究で、愛着の安定性は他の対人関係にもかかわる現象だということが理解されるようになった。母親と安定した愛着の絆をもつことができた人は、その後も、その人にかかわる重要な他者と安定した愛着を築きやすく、それ以外の対人関係も安定しやすい。幼い頃の愛着パターンは、大きくなってもある程度恒常性をもって維持され、愛着スタイルとして固定していく。

今日、愛着スタイルは、「愛着不安」と「愛着回避」という二つのファクターで理解されることが多い。つまり、愛着不安も愛着回避も低い「安定型」、愛着不安が強い「不安型」、愛着回避が強い「回避型」、愛着不安も愛着回避も強い「恐れ・回避型」の四つの型に分類することができる。安定型以外は不安定型であり、成人のおよそ三分の一が不安定型愛着スタイルをもつと考えられている。

また、不安定な愛着パターンを示す子どものなかには、親や重要な他者を脅したり喜ばせたりしてコントロールすることで、関係の安定を図ろうとするケースがあり、「統制型」と呼ばれる。統制型から安定型になる場合も不安定型になる場合もある。

愛着の特性に応じた対話

愛着という観点から見ると、フロイトが直面していた問題は愛着とその安定性をめぐる問題だということになる。転移という現象そのものが、愛着をベースに起きていることがわかる。誰に対しても愛着をもちにくい回避型愛着の人では、転移は生々しい恋愛感情というよりも、非現実的なファンタジーとなりやすい。愛着不安が強く、誰かに頼らずにはいられない不安型愛着の人は、転移が起きると容易に恋愛感情を生じ、相手から見捨てられるのではないかという不安が高まり、不安定になったり、もっと相手を独占したくなって困ったことをしたりということが起きることになる。せっかく良くなっても、治療が終われば治療者に会えなくなると思うと、また不安定な状態に逆戻りしてしまうのも愛着不安のなせる業《わざ》だ。

不安定な愛着スタイルの人では、初めは「いい人」と思っていても、相手の言い方に傷ついたり期待はずれなことが起きたりすると、急に「嫌な人」に逆転しやすいという問題もある。安定した信頼関係を維持することが難しいし、自分の言ったことに「分析」や「解釈」

を加えられることは、非難や攻撃をされることと感じられてしまいやすい。その結果、治療者との関係はぎくしゃくしやすくなってしまう。

つまりフロイトの方法は、ある程度愛着が安定した人には有効だが、愛着回避が強くても愛着不安が強くても、困難が生じやすいということになる。

ロジャーズの方法や通常の対話においても同じことが当てはまる。相手が安定した愛着のもち主か、愛着回避が強いタイプか、愛着不安が強いタイプかによって、友好的な信頼関係の維持しやすさがまったく異なってくることになる。

対話をするうえで、相手がどういう愛着スタイルのもち主かということを頭に入れておかないと、有意義な関係が築きにくいうえに、無駄な努力ばかりが空回りしたり、善意のつもりがとんでもないトラブルになって、非常に嫌な思いをするという結果になりかねない。しかも昨今では、愛着回避や愛着不安の強い人が多くなっている。その点への理解がとても重要になっているのである。

本章では、その人の愛着の特性に応じた対話の方法ということについて考えてみたい。だがその前に、愛着という観点から見た場合、対話を行うとはどういう意味をもつのか。対話が有効なものとなるには何が必要なのかを見ていくこととしよう。

安全基地になる

母と子の間で安定した愛着が育《はぐく》まれるためには、抱っこや授乳といった身体的な結びつきを介したかかわりをベースに、子どもに対して絶えず注意を払い、子どもの表情や仕草や声に素早く反応し、必要を満たしてやることが重要になる。そうした関係を絶妙な言い方で表したのが「安全基地」という言葉である。ボウルビィの重要な後継者であるメアリー・エインスワース（一九一三〜一九九九）が最初に用い、広く使われるようになった。

この言い得て妙な「安全基地」という言葉には、安定した愛着を育み維持するための条件が過不足なく表現されていると言える。

良い安全基地であるためには、その関係が安全であることがまず必要だ。また、助けを求めると応えてくれるということも要件になる。ただ、誤解してはならないことは、安全基地は安楽な楽園ではないということだ。やがてそこから巣立っていけるように力を蓄えるところであり、成長とともに、そこから次第に離れて過ごすことが多くなるが、いざというときには戻って頼りにすることができ、弱った体や傷ついた心を癒してまた外へと向かっていくことができるように支えてくれるものである。

自立の過程が順調に進むと、困ったことがあってもすぐに安全基地に駆け込む必要はなくなり、自分の心のなかに安全基地となってくれる存在を取り込んで、自分を自分で支えることができるようになる。また、新たに出会った存在と信頼関係を結び、そこを安全基地として、困ったときには助けを求めたり相談に乗ってもらったりすることもできる。安全基地をもつ人は、さらに安全基地を増やしていけるのである。

こうした観点から対話や社会的関係を見直した場合、対話は大きく二つに分けられることがわかる。一つは安全基地となる存在との対話であり、もう一つは安全基地とは無関係な対話である。前者は支えることを目的とした共感的なやり取りであり、後者は利害や優劣、真偽をめぐる駆け引き的なやり取りである。

これは第一章で見た対話の二つの機能、安全感を高める働きと、対立を折り合わせる弁証法的な働きに対応しているとも言えるだろう。ただし対話は、うまくいけば対立を克服することもできるが、失敗すれば対立を際立たせ、強めてしまうこともある。

そして、前章まで見てきたことが示しているのは、対立が強まるか克服されるかは、その対話が安全基地として、どれだけ機能しているかに左右されるということにほかならない。

結局、対立を深め、相手を打破するための対話をするのが目的であれば話は別だが、そうではなく対立や葛藤を克服し、問題解決を行っていくために対話をしようというのであれば、その対話が安全基地としての要素をもったものにならなければうまくいかないということである。

良い安全基地の条件

では、良い安全基地となるような対話、あるいは、それが表す社会的関係というものはどういうものなのだろうか。良い安全基地として対話が機能するためには、どういう条件を備えていなければならないのだろうか。その答えは、安全基地とは何かということにもう一度答えることにほかならないが、非常に重要なので今一度整理しておこう。

その第一は、安全を保障し安心感を高めるものだということである。

第二は、相手が感じていることや求めていることを感じ取る感受性をもつということである。

第三は、相手のアクションに対して、リアクションを返すという応答性である。応答できるためには身近にいるのが一番だが、そばにいなくてもいざとなればアクセスできることが望ましい。それも即座にということではなく、いつ、どうすればアクセスできるかという枠組みが明確になっていることが重要である。

応答性の〝応答〟は多用な意味を含む。相手が求めていることに応じることも一つであるし、相手の表情や仕草に対して反応することも、相手の関心や眼差しを共有しようとすることも含まれる。

応答性が乏しいと、一般的には物足りない印象を相手に与え、それがたび重なると「いてもいなくても同じ」ということになってしまう。一つ重要なことは、応答性とは、本人のアクションに対してリアクションすることであり、こちらがアクションを起こすことではないということだ。主導権はあくまでも本人にあるのだ。

そこをはき違えて一方的に働きかけすぎると、「もう鬱陶《うっとう》しい」ということになって安全基地ではなくなってしまう。

後で見ていくように、タイプや状況によって感受性や応答性というものを高いレベルに保つ必要がある場合と、少し抑えたほうがいい場合がある。

第四は、安定性である。これは第一の安全感を守るためにも必要なことである。安全基地となる存在がコロコロ言うことが変わったり、気まぐれに態度や方針が変わったのでは、安心できる居場所にならないし混乱してしまう。

第五は、応答性のところで述べたこととも関係するが、自由な主体性を保障することである。出ていきたいときにはいつでも出ていけるし、戻ってきたくなったら戻ってこられるのが理想である。安全基地の側の都合で縛られたのでは、苦役《くえき》になりかねない。

どういうタイプの人と接する場合にも、これらの条件は、良い安全基地となり意味のある創造的な対話を行ううえで、とても重要だと言えるだろう。同時に、ここで述べたことは、これまで別の形で述べてきたことの言い換えであることにも気づかれるだろう。

これらの点を踏まえたうえで、愛着スタイルに応じた対話を考えていきたい。その場合、まず安定型の愛着スタイルの人との対話がどういうものかを押さえておく必要がある。

安定型愛着の人との対話

安定した愛着スタイルの人は率直で対等な対話を望むし、実質的で、創造的、生産的な対話を好む。すこしきついことを言ったり耳の痛い指摘をしても、それで過敏に傷つくことはなく、むしろ必要なことをきちんと言える人を尊重する。口当たりのいいことしか言わない人や辛口な突込みができない人は、面白みのない物足りない人とみなされる。

難しいデリケートな話であっても、感情的になることなく冷静に話せるし、実質的な話をきちんとしようとする。むしろ隠し事や曖昧な言い方をせずに、オープンに誠実に話す態度を好ましいと考える。堂々と正面から誠実に向かい合う対話の仕方がベストなのである。

こうした安定型愛着スタイルの人との対話と、これから見ていく不安定型愛着スタイルの人との対話の違いが非常に大きいことに、まず注意を払っていただきたい。そのうえで、不安定な愛着スタイルをもつ人との対話で心がける点を述べていきたい。

愛着スタイルについて、もっと詳しく知りたい方は、拙著『愛着障害 子ども時代を引きずる人々』（光文社新書）などを参照いただきたい。

1. 不安型愛着の人へのアプローチ

愛着不安を刺激しない

愛着不安が強く、相手から拒否されるのではないか、認めてもらえないのではないかといつも心配し、相手の顔色をうかがってしまったり、相手に過度に迎合しやすい愛着スタイルを、不安型愛着スタイルという。

このタイプは、親（養育者）との関係をまだ整理できておらず、ネガティブな感情ととももに引きずっていることが多い。別名「とらわれ型」とも呼ばれる。いつもは冷静で明るい人が、親や出自に絡む話になると急に口が重くなったり感情的になったりする。

このタイプは承認欲求が強く、拒否されたり見捨てられることに過度の不安を抱いている。安全感を脅かさないために、この強い愛着不安に十分配慮することが重要である。

返事や挨拶をいつものように返さないというだけで、このタイプの人は強い不安やとても嫌な気分に陥ってしまう。ましてや見放すようなそぶりを、たとえ冗談であっても見せてはいけない。見捨てると脅して思い通りにコントロールしようとすることもやってはいけない。そうした対応は、その場では有効かもしれないが、この人にいずれ見捨てられるという思いが刷り込まれることによって、信頼に傷がつき関係がぎくしゃくすることにつながりやすい。見捨てられないうちに自分から見捨てようとすることも起こり、思いがけない背信行為を誘発することがある。

「いつも変わらずに見守っているよ」

「困ったときには相談に来ればいいよ」

という姿勢と一貫した行動が愛着不安を落ち着かせ、安定につながっていく。

合わせてくる反応に満足するな

不安型愛着スタイルの人にとってもっとも重要なことは、相手から認められるということである。このタイプの人と対話をするうえでまず心がけることは、「あなたの価値や能力を認めている」というメッセージをまめに発信することである。愛着不安が強い状態のままでは、当人は相手に合わせて良いことしか言わず、本当の意味での対話にはならないのである。

不安型の人は顔色に敏感で、こちらの反応をうかがいながら、相手に否定されたり疎《うと》まれたりしないように、取り繕った対応しか返してこないことが多い。愛想よく相手に合わせてくるが、本心から従っているわけではない。そのため陰で悪口を言ったり非難をしたりすることも多い。二面性が強いのである。

不安型愛着スタイルの人と対話するときには、こちらにただ合わせてくるという状態では本当の話ができていないことをまず知る必要がある。このタイプの人に働きかけて心を動かすためには、当人が本心から語れるようになることが必要である。そのためには、こちらの期待と反するようなことを言ったときの反応が成否を左右する。不安型愛着の人は、こちらがどういう反応をしてくるのか試しているのである。もし、「そんなことを言うもんじゃない」とか「それは違うだろう」と否定したり説教したりすれば、殻を閉じてただ合わせてくるか、逆に、自分をわかってくれない人として毛嫌いし、反発するかのどちらかである。

そういうときこそ、「よく言えたね」「面白いね」「新しい着眼点だね」と肯定的に受け止めるのがポイントである。たとえ考えが違っていても、そういう見方をしているのかと発見を楽しむつもりで、おおらかに受け止める度量の大きさが必要なのである。

問題点の指摘には十分な注意を

不安型愛着スタイルの人に対して問題点を指摘したり、その人とは異なる意見を述べる場合にも注意が必要だ。このタイプの人は問題点を指摘されると、それを非難や攻撃と受け取ってしまいやすい。自分の意見と違うことを言われると、自分が否定されたように思ってしまう。それを冷静に受け容れて修正することができず、恨みに思ったり陰で悪口を言ったり、思い詰めて逆襲してきたりする場合もある。

常に、「あなたのことを非難しているのではなく、あなたのやり方について指摘しているだけで、あなたのことは十分認めているので誤解しないで冷静に聞いてほしい」という前置きをしておく必要がある。

問題を一つ指摘するには、少なくとも一つ肯定的な評価を与えてから行ったほうが受け容れられやすい。

不安型愛着スタイルの人がリーダーとして主導権をとる立場にいる場合には、もっと困ったことが起きやすい。自分と異なる意見に対して強い不安を感じてしまうのだ。その結果、そうしたものを一切認めようとせず、異を唱える人を敵だとみなしてしまいがちである。つまり自分と異なる意見を述べられることは、その人の存在を否定し脅かすものとして受け取ってしまうのだ。リーダーとして非常に狭量な特性を示すことになりやすい。もし逆らったりすると、こちらの悪口を周囲に吹き込んで蹴落とそうとしてきたりする。

不安型愛着スタイルの人との対話では、相手の安全感を脅かさないように気を配ったほうがいい。異なる意見を言うときも、相手の意見を尊重した態度を見せておいてから、自分の意見を言う必要がある。それでも受け容れようとしないときには、あっさり引き下がったほうがよい。そこで無駄な労力を費やしてますます相手の安全感を脅かし、敵対的な行動を誘発するよりも、他の部分でエネルギーと時間を使ったほうがよいからだ。相手と意見や関心が一致しやすいところに話を切り替えるのも一つの手である。相手も安心して話ができるし、自分が否定されるという心配がなければ、こちらを攻撃しようとする方向にも向かわないからだ。
冗談でも、相手を非難するような言い方はやめたほうがいい。一度言われたことを長く根にもちやすいのも不安型愛着の人の特徴である。控えめな言葉で接し、打ち解けても調子に乗って軽口をたたかないように気をつけたい。このタイプの人を相手にするときは、口が災いのもとになりやすいのである。

頭よりも心に訴えかける

不安型愛着の人は、感情的に過剰反応しやすい傾向が見られる。嫌いと思うと、とことん嫌い抜くということになりやすい。一旦嫌われてしまうと、それを克服するのはなかなか手間暇がかかることになってしまう。

理屈で相手を説き伏せようとしてもあまり効果的でなく、逆に反発される場合もある。理屈で動くというよりも、感情で動くところが大きいのだ。したがって不安型愛着スタイルの人の心を動かそうと思えば、論理的に説得するよりも心に訴えかけることが重要になる。心に訴えかけるためにもっとも有効な方法は、自分の体験や自分の思いを伝えることである。いくら正しいことを言っても、それが机上の論理に終始していたのでは、このタイプの人には響かないのだ。その人自身がこんな体験をし、こんな思いを味わったという生の体験に絡んでいなければ説得力がない。

自己開示をし、自分の体験を語る人に対して、不安型愛着の人は親近感をもつ。逆に言うと、自己開示をせずに理屈だけで話そうとする人には、「だから何なの」という気持ちを抱きやすく、動かされない。

ただし、距離をとった関係を維持していこうという場合には、感情的にはわざと立ち入らず、また自己開示も極力避けて、論理的な言葉だけで冷静に話をする方法がよい。相手の心にかかわろうとするか、それともスルーするかによって、対話の方法も違ってくることになる。

2. 回避型愛着の人へのアプローチ

いつまでたっても遠い人

親密な対人関係を好まず距離を必要以上にとり、親しくなるのを避けようとする愛着スタイルを回避型愛着スタイルという。真面目で、優しそうで、すぐに親しくなれそうなのだが、いつまでたっても距離が縮まらないということが多い。仕事や興味のあることならよく話もするが、プライベートなことはあまり話したがらず、家庭的なことや自分の過去に関することを語りたがらない。

したがって、人に甘えるとか頼るということは苦手で、自分から相談を求めてくることも滅多にない。

話を向けると、ぎこちなく答えてくれることもあるが、そうしたことを話させられたというだけで、プライバシーを侵害されたような気持ちになりやすい。また自分の気持ちを話したりすることも好まない。このタイプの人と話すときには、中立的なことか興味をもっていることについて話すのがもっとも安全だろう。無理をして踏み込んだ話をするよりも、相手の安全感を脅かさない接し方をすることが基本であり、長い目で見れば信頼関係を築くことにもつながるのである。

回避型の人はいつも同じ紋切り型の対応を好み、不意打ちに戸惑いやすい。同じことばかり話してもつまらないだろうというのは、このタイプには当てはまらないのだ。同じことばかり話すほうが安心できるのである。

一方通行の会話も受け止める

回避型の人は、概してコミュニケーションが得意ではない。対話をしている場面でも、相手に対する配慮が乏しくなりがちで、自分が関心のある話題にばかり熱中して話すことも多い。話を聞くほうとしては、本人の興味のある話をだらだらと聞かされるということにもなりがちだ。ひとしきり相手が喋ったので、こちらも少し話そうとすると、急に関心がなくなったという態度を見せたりすることもある。

話題を合わせて対話することができないので、相手をするほうとしては、かなりストレスが溜まる。しかし、こうした一方通行気味の話も熱心に聴くことが重要なのである。一方通行の話を聴き続けていると、まったく無関係に思えていたことが意外につながっていたり、重要なメッセージを伝えてくることもある。その人なりのコミュニケーション・スタイルとして尊重し、関心や共感で応えるようにすると、意外な展開が生まれてくるものである。

このタイプの人に関しては、独りよがりな会話を受け止めるうちに、より深い対話につながっていくということは、しばしば経験するところである。それが親しみや信頼を築いていくうえでの、最初の関門となっていることが多い。

仕事や趣味の関心を共有する

回避型の人にとって一番大事なことは、愛情や対人関係よりも仕事や趣味的な興味である。つまり、回避型の人と安定した対人関係を維持するうえで生命線となるのは、同じ興味や関心を共有することなのである。

第一章で述べたように、関心を共有するということは、すべての対人関係や対話に求められることであるが、回避型の人との関係においては、ことさら重要である。逆に言えば、他の部分で何の共通点ももたなくても、趣味や仕事の領域で同じ関心をもつことは、関係を進めていくうえで大きな強みになる。もし関心を共有する部分があまりなくて、その人と関係を深めていく必要がある場合には、関心を共有できるように、その人の興味分野に「打ち込む」くらいの心意気が必要になってくる。本人から教えてもらって、次第に詳しくなっていくのもいいだろう。とにかくその部分でのかかわりが、安定した愛着を築いていくうえでブレイクスルーをもたらすのである。

その意味で、もともと趣味や関心が一致しているパートナーは、このタイプの人にとっては願ってもない存在だろう。実際このタイプの人が幸福な家庭生活を営んでいるという場合には、元々同じ関心をもっているか、そうでない場合もパートナーの側が本人の関心と見事に寄り添っていることが多い。

感情は抑えめに、少しずつ接近する

回避型の人は、概して強い感情に対して不快感を覚える。そのため、感情を露《あらわ》にしすぎたり感情的な表現を用いることは、できるだけ控えたほうがよい。共感や親密さを表現しようとしてオーバーに感情を表現したり、べたべたしたりすることも、あまりにやりすぎると余計警戒心を強めてしまう。

しかし、そうした対応は回避型の人の心をほぐすことに役立つ面もある。心を開かない子どもと相撲を取って心を開かせたというケースもある。スキンシップや豊かな感情表現によって少し強引に距離を縮めてしまうことで、逆に警戒心を解いてしまうという手法もある。相手が距離をとるからというので、こちらも同じくらい距離をとっていたのでは、いつまで待っても距離は縮まらない。

とはいえ一番安全な方法は、急がずに時間をかけて少しずつ距離を縮めていくことである。この方法がやはり長続きする関係にもつながるだろう。相手が警戒する間もなくするるっと入り込んでしまうことで受け容れられるという場合もあるが、それは本人の主体性を尊重した方法とは言えないだろう。長い目で見るとそうした関係には問題が出てきやすいように思う。

3．自己愛的な人へのアプローチ

統制型愛着パターンと自己愛性

愛着不安が強くて自分が嫌われないかいつも心配している不安型、誰とも親しくなろうとしない回避型の二つの愛着スタイルとは、少し異質な愛着の仕方をするタイプがある。このタイプは、周囲を支配しコントロールするという形の愛着の仕方を示す。先にも触れた統制型と呼ばれる愛着パターンである。統制型では、その人が「基準」あるいは「法律」となって、周囲を仕切るのである。

統制型の子どもが大人になったとき典型的に表れやすいのが、自己愛性パーソナリティである。自己愛性パーソナリティの人は自分に過剰な自信をもち、自分を特別な存在とみなして自分を中心に世界が回ることを期待する。自分の思い通りに事が運ばないとき強い自己愛的怒りを感じ、邪魔する者に対して激しい攻撃を加えようとする。

統制型からは、それ以外のタイプのパーソナリティも発展するが、多くに共通するのは、自分の思い通りにしようという欲求が強く、それが破られると激しいフラストレーションを覚えるということである。つまり統制型には、支配という幾分歪《いびつ》な自己愛の萌芽が見られるということである。

統制型は、親との愛着が不安定な子どもが四～六歳頃から示すパターンで、子どもが親のほうをコントロールすることで、安定を得ようとする結果だと考えられている。

愛着スタイルを理解するうえで、愛着不安、愛着回避という二つの要素とともに、もう一つ重要になってくると思われる第三の要素がコントロールであり、この要素はとりわけ自己愛性というものと深く結びついているのである。

増大する自己愛の問題

歪な自己愛性はしばしばトラブルの原因になり、対人関係を拷問《ごうもん》に変えてしまう。

病的な自己愛性がなぜ問題になるかといえば、それが本人だけでなく、周囲の人間をも巻き込んで苦しめるからである。病的な自己愛性にはさまざまな側面があるが、そのもっとも有害な側面は、共感性の乏しさと過剰な支配であろう。それは酸素のないところで強制労働をさせるような、最悪の心理的環境を作り出してしまう。自分の思い通りにしないと気がすまないうえに、思いやりのかけらもないということになれば、誰だって付き合いきれないということになる。

だが、由々《ゆゆ》しきことにこうした自己愛の問題を抱えた人が増えているということが言われて久しい。自己愛的なタイプの人とどう接するかが非常に大きな問題となっている。

ただ、そこまで極端でないにしても、自己愛的な傾向を抱えた人は非常に広い範囲で見られるようになり、現代人は程度の差はあれそうした傾向をもっていると言えるかもしれない。多くの人が、自分の思い通りにコントロールしたいと思い、また他人に思いやりをもつよりも、自分のことに関心が偏りがちになっている。

そうした状況にあっては、自己愛性というものをただ問題視するだけではうまくいかない。むしろ、自己愛性を抱えた人をいかに生かすかという視点が必要になってくる。

コフートの自己心理学

まさにそうした視点で自己愛性というものを捉え直し、自己愛性パーソナリティ障害の治療に取り組んだのが精神分析医のハインツ・コフート（一九一三～一九八一）である。コフートは自己愛というものを否定的に捉えず、むしろ人間の生存や可能性を開花させていくうえでとても大切なものだと考えた。ただ自己愛性パーソナリティの人は、自己愛の発達が途中の段階でとどまってしまっているために、もう少し育てる必要があるのだ。彼は治療的実践を通じて、自己愛性パーソナリティの人をうまく支え、自己愛の成熟を促すにはどうしたらよいかということに有用な方法を確立していったのである。そこから、われわれも重要な対話技法を学ぶことができるのであるが、その前に自己愛性パーソナリティ障害とはどういうものか、もう少し述べておくこととしよう。

自己愛性パーソナリティ障害は、過剰な自信や自尊心と他者に対する尊大で共感性の乏しい態度を特徴とする状態で、自分を特別な存在とみなし、誇大な願望を抱き、周囲からも特別扱いや賞賛を期待する。それが得られないと激しい怒りやフラストレーションを感じる。実際に有能な人や成功者にも多いが、現実の人生が思い通りにいかないとひきこもりに陥ったり、思い通りになる存在を支配することで不満を紛らわしていたりする。

すっかり当てはまらないまでも、ある程度そうした傾向をもった人は身近にたくさんいるだろう。こうしたタイプの人は、上手に付き合いうまく支えてあげると、人並みはずれた能力やパワーを発揮してどんどん発展し、支える側とも良い関係を維持していくことができるが、支え方や付き合い方を間違えると本人も力を発揮できず、支える側との関係もズタズタになって悲惨な事態を招くことになる。良かれと思ってしたことが激しい怒りを買い、攻撃の対象となってしまうこともある。

コフートは自己愛性パーソナリティ障害を、幼い頃に自己愛がほどよく充足されなかったことにより、構造的な欠陥を抱えた状態だと考えた。そして、自己愛性パーソナリティ障害に認められる特徴的な行動は、この心の欠陥を補うべく起きてくるものであり、相手に心を開いて対話を行うときに、それが顕著に表れることになる。コフートは、この通常とは少し違う対話にこそ、構造的欠陥を克服する鍵があると考えた。なぜなら、本人が知らず知らずそうすることで、自分の欠陥を修復しようとしているからである。

コフートの対話術はそうしたタイプの人を元気にして、もてる能力を存分に発揮するのを助けるだけでなく、思い上がりや優越感といった強がりの虚勢ではなく、自然体で人と接し、相手のことも大切に思う気持ちをもてるようにするには、どう接したらよいかという問いに、一つの答えを与えてくれる。

では、コフートの対話の方法とはどういうものだったのだろうか。

鏡になる技法

コフートが注目したのは、自己愛性パーソナリティ障害の人が示す、二つの転移様式である。転移とはすでに説明したように、子供の頃抱いた感情を他の人に向けることである。コフートは、自己愛のバランスが悪いこのタイプの人が特有の転移の仕方を示すことを見出した。

一つは鏡映転移と呼ばれるもので、あたかも自らの姿を映し出す鏡と向かい合うように、相手と向かい合うものである。白雪姫の継母が、魔法の鏡と対話しながら「世界で一番美しいのはだあれ？」と鏡に問いかけ、鏡から「それはあなたさまです」という答えが返ってくると満足を覚えるような関係である。鏡とは自己愛を映し出して称賛してくれる鏡なのである。その人が求めているのは、自分の素晴らしさを鏡のように映し出してくれることであり、決して自分が一番であることを否定したり、欠点をけなしたりすることであってはならないのだ。

通常、鏡を相手に対話するのは不自然だろう。しかし、自己愛性パーソナリティ障害の人では、そうしたことが典型的に起きる。鏡映転移は、自己愛性パーソナリティのなかでも、誇大自己というもっとも幼い段階の自己愛が残る人に特徴的に認められる。コフートの発見の面白いところは、単に鏡に映し出すような転移が起きるというだけでなく、むしろこの鏡映転移に意味を認めて、それを積極的に活用しようとしたことにある。コフートは鏡映転移を起こすことで、幼い誇大自己は賞賛への欲求を満たされ、この幼い段階を卒業し、成熟していくのが促されることに気づいたのである。

受容と賞賛に徹する

鏡映転移は鏡になる技法と言えるだろう。相手が自慢話とも受け取れるような自分の話をするときに、何だまた自慢話かとか自分の話ばかりしてと切り捨てたり、うんざりした顔をしたりしてはいけないのである。それでは良い聴き手にも支え手にもなれない。

そういう反応を見せるあなたに対して、相手は話す気がなくなるだけでなく、あなたに対する信頼や評価もなくなっていくだろう。それではこのタイプの人に力を与えることにはならない。逆に力をそいでしまうだろう。このタイプの人は、そうしたあなたに支えられていないと感じて、別の支えを求めてあなたから離れていくか、あなたに怒りをぶつけてくるようになり、いずれにしても関係はぎくしゃくして破綻の道を歩むことになるだろう。

むしろ、幼い自己愛を抱えた人に対しては賞賛の鏡に徹し、その人の素晴らしさを映し出し、誇大自己の願望を満たしてやるようにしたほうが、はるかにメリットがあるのだ。

「へぇ〜すごいね。それで、どうしたの?」と、ただ感心しながら聴き続けることが基本なのである。

「そりゃ、すごいですね。やっぱり天才（超人）ですね」

「きみは本当に素晴らしいね。そんな人を見たことないよ」

ちょっとオーバーなくらいでちょうどいいのである。きみには、わたしの素晴らしさがわかるかと、相手の顔が輝いてくるはずだ。

このタイプの人は、賞賛されると大きな潜在能力を発揮する。自分を映し出してくれる鏡を利用して、そこで創造的な成長を成し遂げることもある。成長を遂げるために、自分を肯定的に映し出し、支えてくれる鏡が必要なのである。

異を唱えたり、もっといい考えがあると自分の考えを言ったりするのは、良い鏡ではないのだ。それは鏡が自分のことを喋り出すようなもので、鏡としては欠陥品ということになってしまう。相手にだけスポットが当たるように、相手の思考が自由に羽ばたくのを妨《さまた》げないようにする必要がある。相手の話に心から驚き、賞賛するという姿勢が大事なのである。

理想化の重圧に耐える

さらにもう一つ、自己愛性パーソナリティ障害の人に特徴的な転移様式がある。それは理想化転移と呼ばれるもので、治療者をどんどん理想化して、素晴らしい人物として過剰とも言える尊敬や憧れを向けてくるものである。何でも問題を解決してもらえるように錯覚するということもある。

こうした過剰な理想化にさらされると、たいていの人は居心地が悪くなって、「私はそんな立派な人間じゃないよ」「買いかぶらないでくれ」と言いたくなるだろう。だがコフートは、本人の理想化欲求を受け止め、それをある程度満たすことが大事だと言うのである。それは言い換えると、自分を守り導いてくれる理想的な親を求める気持ちに応えることだと言えるだろう。

逆に、本人の理想化願望を打ち砕くような態度を取ることは、まったく逆効果をもたらし、過去の傷を再現してしまうだけになる。本人に対して共感的に粘り強く接してくれる、信頼し尊敬できる存在であり続けることが求められるのである。

厳しく接してつい感情的になったり、人間的な弱さを見せたりする面もほどほどにあることは、少しずつ理想を現実化するという意味ではよいことだが、あまり急激に幻滅を味わわせたり、理想化されることから逃れようとしたりはぐらかしたりすることは、相手の理想化欲求をくじくことになり、導き手とはなれないということになる。導き手となるためには、理想化の重圧に耐えられるだけ自分を磨いておく必要があるのだ。

理想化転移を起こすタイプの人は、誇大自己の段階よりも、もう少し成長した自己愛の段階である「理想化された親のイマーゴ」という段階においてつまずいた人たちである。このタイプの人たちは、親から強い失望を味わうか尊敬に値する親がいなかったために、理想化された親という形での自己愛をうまく満たせなかったのである。この人たちに必要なのは、親代わりの人物を理想化し、その人に投影された自己愛を充足し、誇らしい満足を味わうことなのである。したがって、このタイプの人が理想化転移を起こしてきた場合、卑下《ひげ》してそれをはぐらかすのではなく、指導する立場の者として堂々と受け止めることが必要なのである。

コフートは、理想化が起きることは回復の見込みが高いことを示していると述べているが、実際、傷口を修復していくために必要不可欠な段階だとも言える。

自己対象と変容性内在化

それにしても、鏡映転移や理想化転移を受け止めることが、なぜ自己愛の成熟につながるのだろうか。通常の対話技法の基準からすると、そうしたいささか奇妙な対話の仕方は、対話になっていないものとして否定的にみなされがちであった。なぜ、それが有効なのだろうか。そのことを理解するには、もう少しコフートの理論を知る必要がある。

コフート以前の理解では、心の問題は心に何らかの傷を負うことによって生じるが、そうした心の傷はしばしば抑圧され、意識に上りにくい。こうした抑圧された傷や感情を認識することが、心の問題の改善につながると考えられていた。ところが現実には、原因は何であれ、そこで一旦生じた発達の歪みというものは、原因を自覚したからといって治るものではないことはあきらかだ。たとえばパーソナリティ障害の人に、その原因となった心の傷をいくら自覚させたところで、パーソナリティの問題は解決しない。いくら傷を治しても、歪んで発達してしまった心の構造までは治らないからだ。では、どうすれば心の構造的な歪みを修正できるのだろうか。

コフートは模索を続けるなかで、心的外傷や抑圧された感情を自覚するのを助け、それによって問題を解決しようという精神分析の方法とは、まったく異なる方法にたどり着くことになる。その方法の真髄を一言で言えば、心の構造の欠陥を修正するには、その不足した部分を獲得するプロセスをもう一度やり直す必要があるということである。

不足した部分を獲得し直す、つまり育て直すためには、どのようにして自己愛というものが成熟を遂げていくかを知らねばならない。その問いに対する答えとしてコフートが鍵を握ると考えたのが、自己対象というものの働きである。

自己対象とは、自己であって同時に対象であるような存在のことを言う。もっとも原初的な自己対象は、乳児にとっての乳房とか母親といった存在である。それは、自分の一部のようなものであり、同時に外的な対象でもある。

コフートは、自己が自律的な心の構造を獲得していくためには、まず、自己対象から共感的な反応をほどよく与えられることが必要だと言う。そのプロセスが十分に行われるなかで、子どもは自己対象が自分に示してくれる共感的な態度や受け止め方を、次第に自分のなかに取り入れていく。このプロセスをコフートは「変容性内在化」と呼んだ。

自己愛性パーソナリティ障害の人は、自己対象からの共感的な反応が不足したことによって、共感的な構造を十分に発達させることができなかったのである。したがって、その修復のためにまず必要なのは、共感的に反応してくれる自己対象である。自己対象となる存在が共感的な応答を続けるうちに、やがてそれが取り入れられることによって、未熟な自己愛は共感的構造を獲得し、成熟した自己愛へと変容を遂げるのである。自己対象の役割を果たすのが治療者やその人を支える周囲の人たちだということになる。

通常の対話においては、自分が相手の「自己対象」とされることに抵抗や負担を感じ、煩《わずら》わしがったり、拒否したりということも起きるだろう。それは仕方のないことだ。ただ、本人の支えになろうとする場合には、自己対象となることがむしろ重要であり有効だというのがコフートの発見だったのである。自己対象としてのかかわり方が鏡映転移であり、理想化転移なのである。賞賛の鏡となったり親のような庇護者《ひごしゃ》となることが、自己対象としてうまく機能し、自己愛の欠落を補い、その成熟を促すのである。

甘えと共感の大切さ

「常識的な」理解では、自分が相手の「自己対象」となることは、相手を甘やかしすぎたり、相手の都合がいいように利用されたりすることにつながり、良くないと思われがちだが、「自己対象」となる存在がいなければ、いつまでたっても心の構造の欠陥が補われることはないのである。

自己対象とは、自分の自己愛を受け止めてくれる存在である。もっと身近な言葉で言い換えれば、甘えられる存在だと言えるだろう。受け止め、甘えさせてもらえなかったがゆえに生じた自己愛の歪みを解消するには、そのプロセスをやり直すしかないのである。分析的で認知的なプロセスだけではどうにもならないのだ。情動が絡んだ体験的なプロセスが必要なのである。「共感的に反応する自己対象」しかその役割を担うことはできない。

このように見てくると、自己対象というものがボウルビィの言う「愛着対象」にほぼ相当するものであることがわかるだろう。共感的で応答的な自己対象とは、まさにエインスワースが「安全基地」と呼んだもの、つまり愛着対象なのである。

コフートは、精神分析で伝統的に使われてきた「自己」や「対象」という言葉を用いながら、同じ現象を別の言葉で表現し、愛着の問題によって生じた状態に対して、それを修正することが可能だということを示したと言えるだろう。ボウルビィの愛着理論は、愛着の損傷に対して、それをいかに修復するかといった点についてはほとんど触れていない。その意味でコフートの理論は、ボウルビィの理論を期せずして一歩進めたものと見ることもできるだろう。共感的に応答する自己対象であり続けることが修復をもたらすというコフートの治療戦略は、自己愛的なタイプだけでなく、不安定な愛着を抱えるすべてのケースに当てはまる真実のように思える。

実際、コフートの自己心理学の対話は、非常にリラックスした共感的な雰囲気に満ちたものであることが知られている。コフートは自己対象となることを、「家族になる」という言い方で表現してもいる。家族になるくらいのかかわりでなければ、心的構造の欠落を補うことはできないのかもしれない。

師になるということ

コフートの理論の重要な柱である変容性内在化にもう一度戻れば、これは人と人とのかかわりにおけるもっとも高尚な面を表していると言えるに違いない。

人は自分に与えてくれたものを受け取るだけでなく、やがて、与えてくれた存在そのものを自分のなかに取り込み、自分がその人のようになろうとする。

自分のことを認め、肯定してくれた存在から、ただ賞賛や自己肯定を受け取るだけでなく、認め、肯定してくれた、その存在のあり方自体を学び取っていく。共感し、親のように守ってくれた存在から、ただ安心と庇護を受け取るだけでなく、他者に共感し、弱い者を庇護する心や知恵を受け継いでいく。

それにしても、理想化を受け止めることは、鏡となることよりも一段と高い技量と努力が必要となる。それは単なるテクニックの問題ではなく、人格の力が問われることになる。理想化を受け止めることは、親代わりになり師となるということである。師もまたその人にとって自己対象なのである。

昔から、大人になり経験を積み円熟に達したとき、最後の重要な役割として師となることが求められた。学芸や技術の師、人生の師として後輩を導くことが求められるし、親になることも子どもにとっての師になることである。師となることが相手の安定や成長にとっても、自分自身の成長にとっても大きな意味をもつのである。

師として、師にふさわしく振る舞うことが、現代においては廃《すた》れてしまっていると言えるだろう。先生と呼ばれる存在がおしなべて卑小になり、単なる専門家にすぎなくなっている。「サラリーマン先生」という言い方があるように、教師も全人格的なかかわりを避け、単に知識や技術の伝達と割り切る人も少なくない。医師も事情は同じである。

真に先生と呼ぶにふさわしい存在が少なくなっていることが、自己愛の成長を停滞させる一因ともなり、未熟な自己愛がこの社会に氾濫《はんらん》するのを加速させている。それゆえいっそう多くの人が、師となる存在を求めているのかもしれない。そこから狂信的なカリスマに盲従してしまう危険も生じるのだろう。しかし、本来身近な関係のなかで師として尊敬できる存在に出会えることは、自己愛の成長にとって大切な意味をもつのである。

人の教育や成長にかかわる仕事をしている人にとっては、理想化転移を受け止め、師としてそれにふさわしい振る舞いをすることは、未来に対する責任なのである。もちろん完全無欠な師であり続けることは不可能であり、やがて綻《ほころ》びや欠点が明らかになっていかざるをえないだろう。しかし、理想化が十分な期間持続することによって、そうした短所や欠陥も含めて現実の師として受け容れることができるようになる。理想化転移が次第に現実的な信頼と愛着に落ち着いていくなかで、人は支えてくれた存在から自立した存在として、自分の道を進んでいくのである。

第七章 行動と環境に働きかけるアプローチ

難しいケースほど行動や環境との対話が必要

これまで述べてきたアプローチは、対話によってコミュニケーションすることで変化を引き起こそうとする方法であった。できるだけ本人の主体性を尊重することによって問題を解決したり、自分の偏りを修正したり、前向きな意欲を引き出そうとした。自分で問題を自覚することによって行動や認知を変えていこうとしたり、共感的な応答を与えることによって心の構造の成熟を促そうとした。

しかし、こうした方法ではなかなか好ましい変化が起きないという場合もある。その原因としては、大きく二つの場合がある。一つは、その人自身の問題に起因する場合で、言葉によって表現する能力や振り返る能力が乏しかったり、気分が極度に不安定だったり、柔軟性が極度に乏しく、変化に対して強く抵抗したりするというケースである。

もう一つは、本人だけというよりも、周囲との関係で悪循環ができあがっている場合で、本人が変わろうとしても、それに対して周囲の人間が邪魔する方向に働きかけを行ってくることによって、せっかくの変化も打ち消されてしまう。

これらの場合には、言葉と言葉の対話によって変化させようとしても、なかなかうまくいかない。また後者の場合には、本人が変わりたいと思っても変わらせてもらえないというケースも多い。

前者の場合には、言葉と言葉の対話だけでなく言葉と行動の対話が必要になってくる。後者の場合には、本人を支える環境に働きかける対話が必要になってくる。先にも述べたように、問題と原因の所在はかならずしも一致しないのだ。その人に問題が表れているからと言って、その人に問題があるとは限らない。その人の受け止め方や行動を変えていくことも重要だが、それだけでは限界があることも確かだ。環境を少し変えるだけで、問題がまったくなくなってしまうことも珍しくない。本人に百回会って話すよりも、家族と一回会って話すことが問題解決に有効な場合もある。

第一章の冒頭で、ロジャーズが初め児童虐待防止協会で仕事をしたという話をしたが、そこで働き出して十一年目の年に公刊した『問題児の治療』という著作におけるもっとも特筆すべきことは、ロジャーズが心理療法よりもむしろ環境調整に力を注いでいる点である。何と約三分の二のページがそのことに当てられているのだ。環境に働きかけるということは非常に大きな意味をもつと言えるだろう。

ところで行動との対話、支える環境との対話を一緒に述べるのには理由がある。しばしばこの二つは絡まり合っていることが多いからだ。

言語的な表現能力や認知的な処理の能力が乏しいケースほど、問題は行動となって表れやすいし、本人の問題というよりも、周囲の環境の問題を反映していることが多い。

対話だけではどうにもならないようなケースほど、一方で行動と、もう一方で本人を取り巻く心理社会的環境と対話することが重要になるのだ。つまり行動と対話する方法を本人を取り巻く人たちが身につけていくことによって、有効な解決になっていくのである。

紙数に限りがあるのであまり詳しくは立ち入れないが、行動と対話する方法について一番ポイントとなるところを見ていきたい。

枠組み（ルール）と限界設定

行動と対話しながら、行動のコントロールを図っていく場合、まず必要なのはルールを確認することである。何のために、何をどういう手順でやっていくかということを、できるだけ単純でわかりやすいルールで説明する。助けとなるためには、これだけのルールは守ってもらう必要があるという前提条件であり、難しいケースほどこの部分が明白になっていないと後で困ることになるだけでなく、コントロールする力を育んでいくことにもつながらない。

周囲に迷惑が及ぶ行為や危険な行動をした場合の対処についても、目的をよく話して理解を共有したうえで、たとえば所定の部屋で決められた時間を過ごすなど一定の行動制限をかけたり、いつもの楽しみごとを控えるといったことから、状況によっては警察に保護してもらう、しばらく入院させるなど、あらかじめ明確なかたちで約束しておくことが大切である。

行動を客観的に記録する

行動と対話をするうえで大事なことは、まず行動をありのままに記録してもらうなどして客観化することである。感情的な評価や嘆きといった周囲の反応と、本人の行動自体を明確に区別して、どちらも記録しておく。

本人に語ってもらう場合も第三者から聞き取る場合も、記録を取ることが重要である。というのも、記憶だけでは先入観に脚色されてしまい、悪いところばかりを強調したり、良いところしか話さなかったりということが起きやすいからだ。自分で記録をつければなおのことよい。記録を継続的につけることができる人は必ず良くなる。能力があるのにそうしたことができない人はむしろもたもたしやすい。そのことも伝えて記録を取らせるように指導することは、本人自身が自分の行動と対話をすることにもつながる。

本人が記録できない場合は、家族などが記録したものでよい。

こうして記録したものをもとに行動を振り返っていき、そのときの状況や気持ちをもう少し詳しく語ったり、振り返りながら気づいたことを話すという作業をする。適正な方法で行えば、これを繰り返すだけで大部分のケースでは行動の問題が減ってくる。

パフォーマンスを決める三つの要素

行動分析や行動療法では、行動を先行条件⇒行動⇒結果（報酬）という三つの要素で成り立っているものとして捉える。行動がうまくいくかどうかは行動自体の問題だけでなく、先行条件や報酬の問題によっても左右される。

先行条件には、いつ、どこで、だれと、どんなふうに、といった状況的要因と、その人が何を行動すべきかや予想される結果を知っているかといった認識的要因がある。行動自体に関係するのは、その行動の技術が身についていないとか、悪い行動が習慣化されているといった問題である。そして三番目に、結果から得られる満足や報酬がどれくらいかということが問題となる。

なされるべき行動がうまくできないとか、好ましくない行動がみられる場合には、この三つの要因のどこかに問題がひそんでいると考えられる。

先行条件としての状況的要因に問題がある場合には、それが悪い行動の引き金刺激（トリガー）になっている可能性がある。この問題については次項で述べる。認識的要因に問題がある場合は、何を行動したらいいか、どういう結果が得られるかをできるだけ具体的にわかりやすく知らせる必要がある。行動のルールや方法を教えたり、報酬と罰をあらかじめ決めたりするような方法が考えられる。

何をすべきかわかっているのにできないという場合には、行動のスキルが身についていないのかもしれない。その場合は、行動のスキルを訓練する必要がある。まず手本を示して（モデリング）、本人がそれを真似るところから始め、繰り返しながら良い行動パターンがスムーズにできるように練習する。

スキルがあるのに行動をしないとか、問題行動がみられる場合は、先行条件か報酬に問題があるということになる。報酬についていえば、好ましい行動を行ったときに得られる報酬が不足しているか、得られる報酬が明確になっていないか、目標が高すぎて努力しても報酬が得られないか、好ましくない行動を行ったほうが得られる満足や報酬が大きいなどの状況が考えられる。また主体性を無視して、望んでいないことをやらせようとしているため、周囲が考える報酬と本人にとっての報酬が食い違っている場合もある。

努力目標を達成できるものに下げたり、好ましい行動がみられた場合にもっと積極的に褒めたりすることが有効である。主体的な意欲が損なわれている場合には、本人が本当は何をやりたいのか、原点に立ち戻って考える必要がある。

トリガーを取り除く

認知に働きかけるアプローチのところでも出てきたが、悪い認知パターンはだいたい決まった状況で表れやすい。認知の結果である行動についても同じことが言える。引き金となる刺激はたいていたい共通しているものだ。

行動の記録をとり、問題となった行動がどういう状況で起きているかを見ていくと、引き金となる刺激、つまりトリガーが浮かび上がってくるものである。悪い行動を取り除こうとするよりも、トリガーとなる状況を取り除くほうがずっと容易なことが多い。

本人にとって、ストレスになる状況や情動を刺激する状況があったはずである。疲労、睡眠不足といった身体的状況であるとか、授業がわからないとか不快なことを我慢するとか、本人の意志やタイミングに反して行動を強いられるとか、突然不意打ちを食らわされるとか、否定的な言葉を言われるとか、のけ者にされたと本人が感じるなどの状況が浮かびあがってくる。

トリガーになる状況がわかってきたら、それをできるだけ明確な形で本人にも周囲の人にも伝えることが必要になる。

「○○さんは、～という状況が引き金となって、～となりやすいようですね」

周囲にはトリガーとなる状況をできるだけ避けるように伝えるとともに、本人とはそうした状況でどう対処したらいいかについて話す。

その方法としては、

「こういうときには、どうやったらうまくいくかな？」

「こういう場合には、どう対処するのがいいと思いますか？」

という質問を投げかけて、本人に考えてもらう。

まったくわからないという場合には、「こんな方法はどうかな？」と、例や手本を示す。

そして実際にやってみたりロールプレイをして、その場で演じ合う。

近年では、対話中に本人とロールプレイをしたりすることは、当たり前の技術になりつつある。実際に手本を見せることができないのでは、相手に求めることもできない。

こうした練習を重ねつつ、そのつど、「もしこういう状況になったらどうするかな?」と、対処の仕方を尋ねる。次第に難易度を上げた状況を呈示し、それに対する対処を答えてもらう。こうしたリハーサル訓練は、咄嗟《とっさ》のときに対処する回路を次第に作り上げ、行動のコントロールを高めるのに極めて有効である。実際の場面でうまく対処できたときには、それを褒めることでさらに強化定着を図る。

良い行動を強化する

行動との対話でもう一つ大事なことは、いわゆる「問題行動」や「悪い行動」にばかり目を注がないことである。むしろ「良い行動」に着目し、それを肯定的に評価し、「がんばってるね」「なかなかよくやってるじゃない」と賞賛する。逆をやると、たいてい良くなるどころか悪い方向に行きやすい。というのも、良い行動を増やす働きかけよりも、悪い行動を減らそうとする働きかけは、効果が得られにくいだけでなくデメリットを生じやすいのである。

たとえば、落ち着きのない子どもが学校でイタズラをするたびに強く叱られたとしよう。叱られたことによってイタズラが減るどころか、先に述べた両価性の原理により、子どもはもっと反抗的になり、イタズラがエスカレートすることさえある。それだけではない。叱るという負の強化は、肝心のイタズラ行動にはあまり効果がない割に、他の部分に作用してしまいやすい。授業中にイタズラをして叱られることによって、勉強が嫌いになるとか学校や先生が嫌いになるといったマイナスの波及効果を生じてしまうのである。

その点、褒めることで良い行動を強化する場合には、行動が容易に強化されるだけでなくマイナスの副作用が出にくい。プラスの波及効果がさらに他の面にも及びやすい。つまり、褒められることによって自信が高まり、先生や学校が好きになる。さらにモチベーションが高まる。

したがって、行動を記録し評価するという場合も、悪い結果ばかりを取り上げて問題視するよりも良いところを見つけて褒めるようにしたほうが、はるかに効率よく行動を改善できる。そのためには、解決志向アプローチでも出てきたが、例外に着目するという姿勢が大事である。九割五分が悪いことであっても五％でも良い点があればその点に着目し、その例外的な良い行動を褒めるのである。

どうしても悪いところにばかり目が行きがちな周囲の人間にも、良い行動に関心を向けるように働きかける。

「〇〇さんは、よくやっていますよ」

「これは、本人なりによくやっているということですよ。できていないところより、こういうところをしっかり評価してあげてください」

といった言い方もよいが、これだけだと周囲の人が否定されたように受け取る場合もある。そこで、

「そうした良い点が見られるのは、うまく支えてくれている証拠です。この調子でこれからも支えてあげてください」と、周囲の気持ちにも配慮することが必要だ。

短絡的報酬と問題行動

自分を傷つけたり周囲に迷惑をかけたりといった問題行動は、痛い思いをしたり叱られたりといったマイナスの報酬（罰）しか得られないのに、際限なく繰り返されることが少なくない。それゆえ多くの人が理解できないと感じている。だが実際には、報酬（満足や快感）のない行動が繰り返されることはない。じつは罰よりも大きな報酬があるのだが、周囲がそれに気づかずに、どんどん与えてしまっていることも多い。

通常では理解しづらい短絡的報酬として、しばしば問題行動を助長しているのは注目や関

心である。いつもはあまりかまってもらえない子ども（大人でも）が、悪い行動をしたときだけ周囲が大騒ぎをするという経験をして、いったんその快感を覚えてしまうと、知らずしらずのうちにその行動を繰り返すようになる。自傷行為や危険な行為をしたときだけ周囲が動転したりちやほやしたりするのは、この悪循環に拍車をかけるので、むしろ注目や関心を抑えて冷静に対処することが望ましい。そして、もっと日常的で平凡な努力や好ましい行動に対して、活発な関心や反応を示すように心がける。たいていは逆をやっていて、少し落ち着いたと思って関心が薄れる頃に、また問題行動が起こるというパターンが多い。

問題視されること自体が報酬となることもある。反抗や非行、自傷、過食などでは、こうした悪循環が起きる。問題視すればするほど、これみよがしに繰り返される問題行動。こうした場合には問題視するのではなく、先述の認証戦略でも示されたように、行動を受け容れ、むしろ肯定的な面に着目するという対応が悪循環を防ぐ。ただし好ましくない行動がある限度を超えてしまった場合は、受容的かかわりをいったん打ち切り、行動制限などによる負の強化を行う必要がある。その場合も感情的に責めたりはせず、冷静に行う必要がある。

もう一つ短絡的報酬となっているのが自己刺激による快感、つまり嗜癖を繰り返すことによって得られる満足である。これがある意味もっとも手ごわい。対抗するためにはその行為が行われるつど、即座に負の強化（弱化）を行いつつ、それに代わる行動でもっと強い満足が得られるようにしていく必要がある。

負の強化の方法としては、所定の場所で一定期間クールダウンさせるとか、両腕をにぎって向かい合い、ルールを確認したうえで所定の行動制限を加えるといった方法が有効である。その一方で、問題行動が減れば行動制限を緩め、楽しみや本人への関心を増やす。こうした対応を一貫して行うと、かなり効果的である。それとともにスポーツや表現活動、園芸や料理、作業、グループ活動、学習など、報酬を得るためには努力をそれなりに必要とする活動に取り組み、短絡的な自己刺激によっては得られない達成感や共感という真の報酬を味わうことが長期的な回復をもたらす。

行動を指示する

行動と対話をするうえでもう一つ有効な手段は、ある行動をするように指示することである。その人ができそうもないことを指示しても、それは実行困難なだけで意味がないが、その人にも十分できることであれば、この指示は非常に有効な働きかけとなりうる。

傾聴し、共感するという部分は同じでよい。ただ最後に具体的な指示を与えるのである。

こうしてください、という指示を与えるのである。そこに家族を巻き込むこともある。

そこにはさまざまな意味があるが、一つの重要な意味は、行動を指示することによって変化が起こりやすくなるということである。通常の対話だけでは変化が起こりにくいケースも、セッティングや行動パターンに変化を持ち込むことで変化が生まれやすくなるのだ。

また、一緒にやってみようと実際に行動に誘う場合もある。言葉だけでのコミュニケーションという枠を超えて、一緒に行動するという形でのコミュニケーションに移行するのである。遊びや表現行為を媒介にすることもある。

言葉だけで行われる通常の対話の一般通念から少々はずれているが、しばしばこうした方法をとることによって、言葉で行われる対話も深まっていく。仕掛けがうまくヒットした場合には、非常に大きな変化がもたらされることもある。

では、どういう行動を指示し変化を引き起こしていくのだろうか。以下で見ていこう。

行動は不安を軽減する

興奮すると、意味もなく部屋のなかを行ったり来たりするという経験をしたことがある人は多いだろう。寝る前に枕の位置や眠る位置を何度も確かめる人がいる。授業中に鉛筆をくるくる回すのを繰り返したり、話を聞きながら貧乏ゆすりをする人もいる。こうした行動は意識すれば止めることができるが、緊張や不安が高まった状態では強められ、やらないでいると何となく落ち着かないということが多い。

こうした例からもわかるように、決まり切った常同的な行動には不安や緊張を軽減する効果があるのである。これを応用したのが行動療法などでしばしば行われる「行動の処方」である。薬を処方するかわりに、ある行動をしなさいと指示を与えるのである。

不安や緊張が高まる⇒常同的行動が増える、という流れを逆手にとって、あらかじめ常同的行動をするように指示したり、不安が高まったときに、ある決められた行動を行うように指示を与えるのである。

極端に言えば行動は何でもいいが、それが決まり切った行動であることがポイントになる。たとえば不安になったとき、「おなかに手を当てて、ゆっくり腹式呼吸をしなさい」と、いかにも医学的に妥当な行動を指示することもできるが、「壁を三回叩いて、大丈夫と言うのを繰り返しなさい」という儀式的な指示を与えることもできる。一見荒唐《こうとう》無稽《むけい》で儀式的な指示のほうが効果を発揮することもある。重要なのは、単純な行動を繰り返すことによって不安が軽減するという原理に従っていることであり、しかも、あらかじめ対処行動が用意されることによって、不安軽減効果はさらに強まる。

指示をする場合には、自信と確信をもって明確に伝える必要がある。この方法の効果はどれだけその指示の有効性を信頼しているかに左右されるからである。

心身症的な症状に苦しんでいる場合には、考え方を修正しようとするよりも行動を指示することが、状況を改善することにつながりやすい。たとえば一時間に一回、仕事の手を止めてトイレ休憩をとりリラックス体操をするように指示するとか、休みの日にジムに行くことやゴルフの練習をすることを提案することが、薬と同等かそれ以上の効果をもちうる。

言い聞かせる言葉を指示する

指示する行動のなかには、体を動かす行動というよりも頭のなかでの行動も含まれる。「〜のときには、〜と考えてください」とか「〜なときには、〜と言い聞かせてください」と指示するのである。これは意外に効果がある方法である。ただし指示の出し方にひと工夫いる。単純な覚えやすい言葉で、かつツボにはまっている必要があるからだ。

たとえば被害的認知に陥りやすい人の場合、「自分だけがのけ者にされていると感じたときには、**いつもの悪いクセで、壁を作っているのは自分のほうだと言い聞かせてください**」

といった具合に指示を与える。「言い聞かせ」行動は、あらかじめ指示され教えられていると、とても有効な対処行動となる。

それを繰り返すことで、実際に自分の認知の偏りを修正していくことにつながる。

人の顔色や視線に敏感な人には、**「人は自分が思うほど他人のことなど気にしていないと言い聞かせてください」**と言えばよいだろう。

二分法的な認知に陥ってしまいやすい人には、**「ゼロか一〇〇かではなく五〇点を目指そうと言い聞かせてください」**と言うのが有効である。

感情が暴走しやすい人には、「かっとなって我を忘れてしまいそうになったときには、**人に勝つより自分に勝てと言い聞かせてください**」と言うこともできる。

逆説的アプローチ

こうしたアプローチでしばしば用いられるのは、逆説的アプローチと呼ばれる技法である。先の章でも出てきた人間の両価性を逆手にとって、意図する方向とは逆の行動をするように指示を与えることで反対の行動を引き出し、結果的に意図する方向に行動を変化させるものである。

たとえば、仕事がつらくなって辞めたい気持ちが兆している人に対して、「辞めたらダメだよ」と言って説得しようとすることは、辞めたい気持ちを逆に強めてしまうが、「嫌だったら辞めたらいいじゃない」とか「いつでも辞めたらいいよ」と言うと、辞めるのが惜しい気持ちや続けたい気持ちのほうが強化されて、案外仕事が長続きすることにつながる。

これをもう少し精緻な仕方で応用すると、さまざまな場面で活用することができる。ある行動を抑えたいと思えばその行動をもっと頻繁にもっと過剰にするように指示し、ある行動を増やしたいと思えばその行動を一切しないように言う。

ある強迫性障害の女性は、ちり紙がなくなってしまうのが不安で必要以上に溜め込もうとするこだわりがあり、いつも看護師と揉《も》めていた。看護師が枚数を決め制限しようとすればするほど、こっそり溜め込もうとしていたちごっこになった。そこで方針を切り替え、要求するよりも多めに与えるようにすると、どっさり溜め込んだところでちり紙に対する興味をなくし、そんなにいらないと自分から言うようになった。

ある高校生の女の子は、ちっとも勉学に身を入れず、アイドルタレントにばかり熱を入れていた。母親はそれを見て苦々しく思っていたが、勉強をするように言っても何の効果もなかった。ある日娘は学校からメールをしてきて、アイドルタレントの新しいCDを買うように母親に頼んできた。一時間後またメールが来て、もう買ったかと尋ねてきた。すっかり頭にきた母親は、学校から帰ってきた娘に、もう勉強はしなくていいから高校を退学しなさいと本気で迫った。娘は泣きながら謝って、それから勉学に身を入れるようになった。

こうした方法を勧めるわけではないが、この母親の怒りは結果的に逆説的アプローチとなって娘の行動を変えたのである。

両価性が強い人には、ことにこの技法は効果的だと言える。「やりたくない奴はやらなくていい」とか「嫌々やるのなら止めなさい」といった昔からよく使われる言い方も、両価性を利用したある種の逆説的アプローチだと言えるが、こちらの意図が本当は逆だということが見え見えだと、その効果は薄められてしまう。

家族を巻き込む

逆説的アプローチは、しばしば家族を動かしていく場合に用いられる。問題行動を問題だとはみなさず、むしろそれが有用だとみなすことで価値の逆転を行う。

かつてアフリカで行われていた土俗的な治療法では、誰かが精神的に不安定になると、その人をある期間だけ王として扱い、周囲の者は何でもその人の希望通りに要求を満たしてやるという。するとたいていの者は一週間もするとすっかり回復してしまうそうである。

その手法が、少し形を変えて家族療法などに取り入れられることもある。

Fさんは過食症で苦しんでいた。過食しては吐いている娘を見るに見かねて、母親が治療家に相談を求めた。治療家は家族面接を提案し、Fさんと両親、弟が面接にやってきた。治療家はFさんや家族の話を傾聴した後で、Fさんの「過食」という症状は家族の絆を維持するのに必要なものであり、すれ違ってバラバラになろうとしている家族を再結束させるのに役立っているのだと述べた。したがって、過食という症状は家族の絆の維持に大切な役割を果たしているので変える必要はないと結論づけた。

予想もしなかった答えに一家は困惑したが、「現にこうして家族が集まって話し合っているのも、その証拠ではありませんか」という治療家の指摘には反論できなかった。たしかにこの問題が起きるまで、自分たちの問題や言い分にばかりかまけて、家族はバラバラになっていたと感じたからである。こうして初めて、Fさんの症状がFさんだけの問題ではなく家族全体の問題であり、Ｆさんは「犠牲者」なのだということを家族は理解し始めると同時に、このままでいいと言われることによって、逆に現状を変えていこうという動機が生まれたのである。現状を変えるためには家族みんなが変わらなければならないことは明らかだった。家族一人ひとりが、どうしたらいいのかと真剣に考え始めたのである。

自傷や不登校、家庭内暴力といった「問題行動」に対しても、それが何か有益な役割を果たしていることに着目し、「問題行動」を止めるように促すのではなく、その行動には意味があるのだから受け容れなさいと話を展開していく。先に出てきたリフレーミングの一つだとも言える。

これは、すでに述べた両価性の問題を巧みについた方法だと言えるだろう。ある行動を「問題」だと否定し、止めさせようとすればするほど、両価性ゆえにその行動にすがりつく気持ちを強め、「問題行動」を強化してしまうことになりかねない。しかし、その行動の「意味」を肯定し、変わることよりも現状を受け容れるように言うと、問題行動にしがみつく切迫感が薄れ、逆に現状を続けることにこれまで感じなかった違和感を覚えるようになる。そこから変わりたいと思う気持ちや行動がむしろ強まっていく。

キーパーソンを味方につける

その人の問題と思われていることは、しばしばその人を取り巻く家族や組織の問題を反映していることが少なくない。子どもに問題が現れたとき、家族や学校の友人関係に問題が生じていることはしばしばであるし、会社員がうつになるという場合も、会社の体制や上司の対応に問題があることが多い。こうした場合に、いくら本人だけを切り離して改善を試みても限界がある。本人が暮らす環境にも働きかける必要がある。

その場合のポイントは、誰が要となってその人の環境を仕切っているのかであり、その鍵を握るキーパーソンを動かすことが重要になる。ただしキーパーソンとなる人に対して非難や説教をしては、まったく正反対の結果になってしまう。ここでも両価性の原理が働いてしまうのだ。

もしその人に最大の原因があったとしても、その人を味方につけることが極めて重要である。前章までで述べてきた方法を駆使して、親和的な協力関係を築いていくことが求められる。その人を見込んで助力を頼みたいというかたちであれば、前向きな反応が得られやすく、対応も自然に変わっていくだろう。

働きかける際に重要なのは、第一には本人に対する否定的な見方を変えていくことであるが、同時に具体的な対応の方法を提案することも役に立つ。支えになりたい気持ちがあっても、どう動いたらいいのかわからないことが多いからだ。これまで述べてきたことを踏まえて、明確で具体的な指示を与えるのがポイントである。

小さな変化が大きな変化を生む

対処行動としてある行動を指示するという手法は、もっと積極的な変化を生み出すために用いることもできる。

膠着状態でなかなか変化が生まれないときに、生活のなかの小さな部分を変えることでバランスが変わり、やがて大きな変化につながっていくことは少なくない。変化のきっかけとなる小さな変化を指示するなり、提案するなりして作るのである。

周囲が一番望んでいるゴールは、ある意味で一番変えにくいところである。不登校で学校に行けない子が登校して教室に入る、ひきこもっている若者が就職して働き出す、リストカットを繰り返している女性が自傷をしなくなるなどのゴールは、一足飛びにそこに行こうとすると逆に遠ざかっていきかねない。

こうした場合は、小さなところから変えていく。問題とは直接関係のないところから変えていくほうが変化が起きやすいし、その変化が全体のバランスを変えて、大きな変化につながっていくのである。

小さなステップが大事である。変化を促す技法として、一つひとつのステップを具体化していくことがしばしば有効である。先に述べたスケーリング・クエスチョンを使って、各段階の達成課題を具体的に話してもらうのもよいが、さまざまなレベルの達成目標をブレインストーミング的に言ってもらったうえで、本人にとって難易度が高いものから低いものへと並べていくという方法も使える。そして、まず達成できそうな次のステップを明確にすることで、行動しようとする力と勇気が生まれてくる。

一歩あとをついていく

小さな変化とは、たとえば毎日何もしていなかった不登校の子がフィギュアの人形を作り始めることでもいいし、リストカットを繰り返している女性が園芸を始めることでもいい。生活パターンを変化させ、前向きな行動が増え、問題行動を減らすことにつながるきっかけとなる。

小さな変化を起こす方法としては、その人自身が何かやりたいと言い出したときに、それを「いい考えだね」「やってみたら」と肯定して、自分から主体的に動くのを見守るという形がベストである。

ただ、一向に動きが始まらないという場合や、何かしたい気持ちはあるがどこから始めたらいいかわからないという場合には、その人に達成可能で比較的簡単な行動を提案したり、一緒に行動計画を立てたりしてもよい。たとえば、ひきこもっている若者に、カーテンを開けることから始めて、窓を開ける、ベランダに立つ、新聞を取る、ゴミを出す、と徐々に進み、洗濯物を畳むことや、散歩や運動をして運動量を記録すること、料理をやってみることを提案したりするのも一つだ。

場合によっては依頼したり、誘ったり、一緒に取り組んだりしてより強く巻き込むという方法もとられる。その人の関心やニーズを探りながら、その時々に合ったことに取り組んでいくことが効果的である。

その際、本人を追い越すことなく本人の後をついていくことが、やがて力強い歩みへとつながっていく。

遊び心と笑いを忘れずに

行動との対話を自律的な歩みへと育てていくうえで忘れてはならないのは、遊び心である。熱心になるあまり行動を強要したり、一つの基準にとらわれすぎると、かえって物事はうまくいかなくなるものである。本人のなかに備わっている自律的な力というものは、自由に発揮できるときにもっとも強力になりやすい。知らず知らず一つの価値観や基準でその人を縛ってしまうと、行き詰まりからなかなか抜け出せない。そこから自由になるためには、真面目すぎる考えではなく遊び心が必要なのである。

人間何を考えたっていいし、どういう道を歩んだっていいんだという自由闊達《かったつ》な心が大事なのである。どういう物事の見方にもそれぞれ面白さがあり、悪いことにだっていいところもあるという逆転の発想である。人を縛るものを笑い飛ばし、その一方で縛っているものにも何か役目があるのだろうと思いをはせる。自在でとらわれず、何事にも価値を認めるおおらかさが、自分を表現することの不器用な人との一風変わった対話において、その人の力を最大限引き出すのに一番大事なことのように思える。

おわりに

さまざまな対話の技法について見てきた。こうして一通り学んでみると、対話技術というものの全体像が見えてきたのではないかと思う。単なる技術だけでなく、そこで大切にされる考え方や、通底している精神というものが感じられたのではないだろうか。すぐれた対話技法というものに共通するのは人を大切にする心であり、その人に元来眠っている力を引き出そうとする姿勢のように思える。

困難な状況に陥れば陥るほど、対話が重要な意味をもち、その状況を克服するのに必要になってくるのであるが、残念なことに、対話がその逆の役割しか果たしていないことも多いように思える。弱っている人をますます追い詰め、対立や孤立の溝を深め、自分の殻に閉じこもるしか逃げ場がない状況に追いやってしまっているということが頻繁に起きているのが現実ではないだろうか。

そこには、対話というものが本来もつ、共感的で統合的な側面ではなく、相手を言い負かす、非難する、自分の正当性ばかりを主張するといった競争的で、攻撃的な側面が強まりすぎている社会状況や精神状況も反映されているだろう。しかし歴史が証明していることは、そうした相手を貶め、自分だけが勝者になるという対話によっては勝者さえも不幸になるだけであり、長い目で見れば破壊しかもたらさず、誰も得をしないということである。

未曾有の震災や原発事故によって、日本社会が危機に瀕《ひん》している今こそ、共感的で統合的な、真の対話が求められているのではないだろうか。それは、人と人との絆を大切にするという原点に回帰することであると同時に、混乱し前途の見えない状況において、前に立ちはだかる難題を乗り越え、自分を取り戻し、より豊かな人生をまっとうしていくためにも、大切な技術に思われる。その意味で、自分自身との対話においても、本書で述べた技法や考え方をぜひ活かしてほしい。

最後に、本書の執筆の機会を与えてくださり、根気よく原稿を待ち続けてくれたPHP研究所新書出版部の横田紀彦氏に感謝の意を記したい。

二〇一一年九月

岡田尊司

◎主な参考文献

『ロジャーズ選集 カウンセラーなら一度は読んでおきたい厳選33論文〈上〉』ハワード・カーシェンバウム、ヴァレリー・ランド・ヘンダーソン編、伊東博、村山正治監訳、誠信書房、２００１年

『クライアント中心療法』(ロジャーズ主要著作集２) カール・R・ロジャーズ著、保坂亨、末武康弘、諸富祥彦訳、岩崎学術出版社、２００５年

"The Clinical Treatment of the Problem Child", Carl Rogers, Houghton Mifflin, 1939

『解決のための面接技法 第3版』ピーター・ディヤング、インスー・キム・バーグ著、桐田弘江、玉真慎子、住谷祐子訳、金剛出版、２００８年

『解決へのステップ アルコール・薬物乱用へのソリューション・フォーカスト・セラピー』インスー・キム・バーグ、ノーマン・H・ロイス著、磯貝希久子監訳、金剛出版、２００３年

『インスー・キム・バーグのブリーフコーチング入門』インスー・キム・バーグ、ピーター・ザボ著、長谷川啓三監訳、創元社、２００７年

"Keys to Solution in Brief Therapy", Steve de Shazer, W W Norton & Co Inc, 1985

『動機づけ面接法 基礎・実践篇』ウィリアム・R・ミラー、ステファン・ロルニック著、松島義博、後藤恵訳、星和書店、２００７年

"Building Motivational Interviewing Skills: A Practitioner Workbook (Applications of Motivational Interviewing)", David B. Rosengren, Guilford Press, 2009

『認知療法・認知行動療法 治療者用マニュアルガイド』大野裕、星和書店、２０１０年

『人格障害の認知療法』アーロン・T・ベック、アーサー・フリーマン他著、井上和臣監訳、岩崎学術出版社、1997年
『パーソナリティ障害』岡田尊司、PHP新書、2004年
『パーソナリティ障害がわかる本』岡田尊司、法研、2006年
『境界性パーソナリティ障害の弁証法的行動療法』マーシャ・M・リネハン著、大野裕監訳、誠信書房、2007年
『愛着障害』岡田尊司、光文社新書、2011年
"Attachment in Adulthood: Structure, Dynamics, and Change", Mario Mikulincer & Phillip R. Shaver, Guilford Press, 2007
『自己の分析』ハインツ・コフート著、水野信義、笠原嘉監訳、みすず書房、1994年
『自己の修復』ハインツ・コフート著、本城秀次、笠原嘉監訳、みすず書房、1995年
『自己の治癒』ハインツ・コフート著、本城秀次、笠原嘉監訳、みすず書房、1995年
『方法としての行動療法』山上敏子、金剛出版、2007年
『はじめての応用行動分析 日本語版第2版』P・A・アルバート、A・C・トルートマン著、佐久間徹、谷晋二、大野裕史訳、二瓶社、2004年
『行動分析学入門』杉山尚子、島宗理、佐藤方哉、リチャード・W・マロット、マリア・E・マロット、産業図書、1998年

PHP新書

PHP INTERFACE
https://www.php.co.jp/

岡田尊司[おかだ・たかし]

1960年、香川県生まれ。精神科医。医学博士。東京大学哲学科中退。京都大学医学部卒業。同大学院高次脳科学講座神経生物学教室、脳病態生理学講座精神医学教室にて研究に従事。現在、京都医療少年院勤務。臨床医として、若者の精神的危機に向き合う。

主な著書に『パーソナリティ障害』『子どもの「心の病」を知る』『統合失調症』(以上、PHP新書)、『脳内汚染』(文春文庫)、『アスペルガー症候群』(幻冬舎新書)などがある。また、小笠原慧のペンネームで小説を執筆。第二十回横溝正史賞を受賞した『DZ』『風の音が聞こえませんか』(以上、角川文庫)、『サバイバー・ミッション』(文春文庫)などの作品がある。

人を動かす対話術

(PHP新書762)

心の奇跡はなぜ起きるのか

二〇一一年十一月一日 第一版第一刷
二〇二五年一月三十一日 第一版第八刷

著者——岡田尊司
発行者——永田貴之
発行所——株式会社PHP研究所
東京本部——〒135-8137 江東区豊洲5-6-52
ビジネス・教養出版部 ☎03-3520-9615(編集)
普及部 ☎03-3520-9630(販売)
京都本部——〒601-8411 京都市南区西九条北ノ内町11
組版——有限会社エヴリ・シンク
装幀者——芦澤泰偉+児崎雅淑
印刷所
製本所——大日本印刷株式会社

ISBN978-4-569-79666-6

ＰＨＰ新書刊行にあたって

「繁栄を通じて平和と幸福を」(PEACE and HAPPINESS through PROSPERITY)の願いのもと、ＰＨＰ研究所が創設されて今年で五十周年を迎えます。その歩みは、日本人が先の戦争を乗り越え、並々ならぬ努力を続けて、今日の繁栄を築き上げてきた軌跡に重なります。

しかし、平和で豊かな生活を手にした現在、多くの日本人は、自分が何のために生きているのか、どのように生きていきたいのかを、見失いつつあるように思われます。そして、その間にも、日本国内や世界のみならず地球規模での大きな変化が日々生起し、解決すべき問題となって私たちのもとに押し寄せてきます。

このような時代に人生の確かな価値を見出し、生きる喜びに満ちあふれた社会を実現するために、いま何が求められているのでしょうか。それは、先達が培ってきた知恵を紡ぎ直すこと、その上で自分たち一人一人がおかれた現実と進むべき未来について丹念に考えていくこと以外にはありません。

その営みは、単なる知識に終わらない深い思索へ、そしてよく生きるための哲学への旅でもあります。弊所が創設五十周年を迎えましたのを機に、ＰＨＰ新書を創刊し、この新たな旅を読者と共に歩んでいきたいと思っています。多くの読者の共感と支援を心よりお願いいたします。

一九九六年十月

ＰＨＰ研究所